X

(C)

JOURNAL

GRAMMATICAL ET LITTÉRAIRE

DES ÉCOLES ET DES FAMILLES

PAR

CLAUDE BAUQUIS

PROFESSEUR

Ce journal parait le 1ᵉʳ de chaque mois.

Nᵒ 8. — 1ᵉʳ Avril 1861.

CHAMBÉRY

IMPRIMERIE MÉNARD ET Cⁱᵉ, RUE JUIVERIE

HOTEL D'ALLINGES

1861

JOURNAL

GRAMMATICAL ET LITTÉRAIRE

DES ÉCOLES ET DES FAMILLES

PAR CLAUDE BAUQUIS

Quelques mots sur ce journal.

Il n'est peut-être pas un sujet sur lequel on ait autant écrit que sur la langue française. Aussi peut-on compter par centaines les traités élémentaires ou raisonnés qui ont paru sur cette langue depuis plus d'un siècle. Voilà ce qui prouve bien évidemment qu'à l'exemple de la grande nation qui la parle, elle ne saurait rester un seul moment stationnaire. En effet, elle se forme, s'étend, se perfectionne, à mesure que le langage s'épure. Son empire est presque universel, et ce qui fait surtout sa gloire, c'est qu'on l'adopte dans toutes les cours des peuples civilisés. Les princes, les grands, les hommes dont l'éducation a été soignée, tous l'ont apprise, tous se plaisent à la parler. N'est-elle pas d'ailleurs la langue vivante la plus riche, la plus élégante? Oui, elle se plie agréablement à tous les styles, puisqu'elle réunit à la fois la finesse à la simplicité, la grâce à l'énergie, la précision à la clarté. Il faut donc la perfectionner, cette belle langue, et mettre tout en œuvre pour en faciliter la propagation si bien accueillie dans toutes les parties du monde. Il est vrai qu'elle doit de rapides progrès à un certain nombre de grammairiens d'un savoir éminent ; mais tout n'est pas encore épuisé. Qu'il me soit donc permis de joindre mes faibles efforts à ceux de mes honorables devanciers pour remplir bien des lacunes dans les procédés d'instruction et rectifier un nombre infini d'erreurs qui se sont glissées et se glissent encore chaque jour dans le langage ! Pour atteindre ce but, j'ai divisé mon journal en deux parties, dont les matières seront en même temps mises sous les yeux du lecteur,

La première partie, sous le titre de *Leçons d'orthographe usuelle*, donnera d'abord une nouvelle méthode pour l'enseignement public ou privé de l'orthographe des mots français considérés isolément, c'est-à-dire des mots contenus dans le dictionnaire. Puis viendront successivement divers autres procédés non moins utiles aux élèves que commodes entre les mains des instituteurs et des institutrices. Je dis commodes, parce que ces derniers trouveront dans le présent journal leurs leçons toutes préparées.

On le sait par une bien triste expérience, l'orthographe des mots du dictionnaire est fort difficile. Pourquoi ? — Parce qu'un grand nombre de mots se prononcent de la même manière, quoiqu'ils s'écrivent bien différemment. Tels sont, par exemple, *au, aux, haut, eau, ô, oh, ho, os.* Pourquoi encore ? — Parce que, dans une infinité de mots, beaucoup de lettres sont nulles pour la prononciation, comme *l* dans *fusil,* *h* et *x* dans *heureux,* *h* dans *dahlia,* les deux *h* dans *brouhaha,* *c* dans *estomac,* *m* dans *condamner,* *p* dans *baptême,* etc., qu'il faut prononcer comme si l'on écrivait : *fusi, eureu, dalia, brouaa, condaner, batême.* Pourquoi enfin ? — Parce qu'on remarque dans une immense quantité d'expressions un assemblage de lettres dont l'articulation est parfaitement la même, quoique l'orthographe varie d'une manière vraiment étonnante. C'est ainsi que *an, am,*

*amp, emps, empt, anc. and, end, ang, eng, ans, ens,
ent, ant, eant,* font entendre le même son à la fin des
quinze mots suivants : *maman, Adam, camp, temps,
exempt, banc, brigand, différend, rang, hareng, dedans,
dépens, diligent, enfant, obligeant.*

Faut-il donc, même après ce léger aperçu, s'étonner
d'entendre dire tous les jours que la manière d'écrire les
mots du dictionnaire est un véritable obstacle aux progrès dans l'orthographe? Écoutez d'ailleurs les maîtres
à ce sujet, écoutez surtout ceux qui ont à lutter contre la
paresse de certains élèves qui ne veulent jamais chercher
leurs mots. Oh! alors, quelle patience! quel supplice!
quel martyre !

Reconnaissons, par conséquent, l'utilité, la nécessité
même pour les instituteurs et les institutrices d'avoir sous
la main une méthode spécialement propre à faciliter l'enseignement de l'orthographe dont il s'agit. Qu'ils fassent
l'essai de celle que j'ai l'honneur de leur offrir, ils ver-
ront bientôt chez les élèves les progrès répondre à leur
attente.

La seconde partie de ce journal, sous le titre de *Revue
grammaticale et littéraire,* épurera la langue d'une foule
de locutions vicieuses, qui finiraient par remplacer les
bonnes, si personne ne se chargeait de cette épuration.
Les matériaux dont je me suis entouré à ce sujet par un
travail aussi long que pénible, me permettent facilement
de les compter par milliers.

Sous le même titre, on trouvera la réponse à toutes
les difficultés qu'on voudra me soumettre sur la langue
et la littérature françaises. Je le sais, bien des amis du
bon goût désireraient avoir la solution de celles qui les
arrêtent. Eh bien ! l'occasion se montre très-favorable ;
ils n'ont qu'à me les faire parvenir, et chaque fois, par
l'entremise de mon journal, je me ferai, suivant mes faibles connaissances, un vrai plaisir de leur donner la solution désirée. De là une double instruction : l'une pour

la personne qui aura soumis la difficulté, l'autre pour tous les abonnés.

Voilà le petit journal que j'ai l'honneur d'offrir aux instituteurs et aux institutrices, aux pères et aux mères dans l'intérêt de leurs enfants, ainsi qu'à toutes les personnes qui ont à cœur de parler et d'écrire conformément aux vrais principes de la langue et du goût. Tous, j'ose l'espérer, voudront bien l'accueillir favorablement et avec indulgence.

Chambéry, le 1er septembre 1860.

C. BAUQUIS.

LEÇONS D'ORTHOGRAPHE USUELLE

OU

NOUVELLE MÉTHODE SIMPLE ET FACILE POUR L'ENSEIGNEMENT
PUBLIC OU PRIVÉ DE L'ORTHOGRAPHE DES MOTS FRANÇAIS
CONSIDÉRÉS ISOLÉMENT ET CLASSÉS PAR ORDRE DE
FAMILLES.

Pour l'emploi de cette méthode, voici la manière dont le maître procède à chaque classe, si la leçon est publique, c'est-à-dire donnée à un nombre plus ou moins considérable d'élèves :

1° Il écrit à la craie sur le tableau noir de l'école, bien lisiblement et dans le même ordre, les familles de mots décrites à chaque leçon du présent journal.

2° Il se repose un moment, pendant que chaque élève étudie la manière d'écrire les mots portés au tableau ; après quoi il les enlève d'un coup d'éponge, et les fait épeler à mesure qu'il les prononce.

3° Il met immédiatement les élèves à la pratique, en

REVUE GRAMMATICALE ET LITTÉRAIRE.

1. **Bille, gobille**. — *Gobille* n'est pas français. Dites : *Bille*. (Académie.)

2. **Presser, pressurer**. — *Presser,* employé dans le sens de serrer par le pressoir le raisin, les pommes, les poires, pour en extraire le jus, est une mauvaise manière de parler. Dites : *Pressurer*. (Académie.)

3. **Camus**. — Puisque ce mot fait *camuse* au féminin, ne dites pas, en parlant d'une femme : *Elle est camue.* Dites : *Elle est camuse.* (Académie.)

4. **Mélise, mélisse**. — *Mélise* est un barbarisme. Dites : *Mélisse*. (Académie.)

5. **Dompter, domptable, indomptabl**

leur donnant la dictée qui suit les familles de mots dont il s'agit.

Si la leçon est privée, c'est-à-dire donnée à un seul élève, le tableau noir peut devenir inutile. Alors chaque exercice se passe ainsi :

1° L'élève prend le journal pour étudier la manière d'écrire les mots faisant l'objet de la leçon.

2° Le maître le prend à son tour pour faire épeler ces mots et donner ensuite la dictée.

En procédant ainsi dans les deux cas, les instituteurs et les institutrices éprouveront, à la fin de chaque exercice, le plaisir de voir que les élèves connaîtront parfaitement l'orthographe des mots qu'ils auront vus. Cette orthographe restera gravée dans leur mémoire, parce qu'elle y aura été successivement imprimée par quatre moyens différents : l'inspection, l'étude, l'épellation et la dictée.

La simplicité de cette méthode présente deux grands avantages : le premier, de n'obliger les élèves à aucune dépense pour achat de livres; le second, de permettre même aux pères et aux mères de donner des leçons à leurs enfants. Quant aux fautes qui se glisseront dans les dictées, les premiers pourront facilement les reconnaître

---

REVUE GRAMMATICALE ET LITTÉRAIRE.

Puisque le *p* est nul pour la prononciation dans ces trois mots comme dans *compte, compter, comptable,* prononcez donc comme si vous écriviez : *Donter, dontable, indontable.* (Académie.)

6. **Chatouillon, chatouillement.** — *Chatouillon* n'est pas français. Dites : *Chatouillement.* (Académie.)

7. **Nabot, nambot.** — *Nabot,* qui se dit par mépris d'une personne de très-petite taille, est français; mais *nambot* ne l'est pas. Ainsi ne dites plus : *Nambot, nambote.* Dites : *Nabot, nabote.* (Académie.)

8. **Baril.** — *L* est nul pour la prononciation dans ce

et les faire corriger par les derniers ; il leur suffira pour cela de confronter la copie avec la dictée du journal.

PREMIÈRE LEÇON.

FAMILLES A PORTER AU TABLEAU NOIR.

1. *Abandon, abandonner, abandonnement, à l'a-bandon.*
2. *Abbé, abbesse, abbaye, abbatial.*
3. *Abcès, abcéder.*
4. *Abdiquer, abdication.*
5. *Abîme, abîmer.*
6. *Abject, abjection.*

Dictée. Le pauvre est dans un abandon général. Il ne faut pas abandonner les malheureux. Mon père vient de faire l'abandonnement de ses biens. Une femme soigneuse ne laisse pas sa maison à l'abandon. L'abbé dira la messe dans la chapelle de l'abbaye, et l'abbesse y assistera. Voici un palais abbatial, une maison abbatiale, des bâtiments abbatiaux. L'abcès est un amas d'humeurs corrompues. Cette tumeur abcèdera ou se tournera en abcès. Le roi veut abdiquer la couronne. L'abdication est

---

REVUE GRAMMATICALE ET LITTÉRAIRE.

mot comme dans *fusil.* Prononcez donc comme si vous écriviez : *Bari.* (Académie.)

9. **Rose mousseuse, rose moussue.** — *Mousseux* ne se dit que de certains liquides à la surface desquels il se forme de la mousse, tels que le vin, la bière. C'est donc abusivement qu'on dit : *Rose mousseuse.* Il faut dire : *Rose moussue.* (Académie.)

10. **Rhabilleur, renoueur, rebouteur.** — *Rhabilleur,* qu'on emploie vulgairement pour désigner celui qui fait le métier de remettre les membres disloqués, est un barbarisme. Dites : *Renoueur.* (Académie.) On dit aussi : *Rebouteur.* (Dictionnaire de Médecine.)

une action par laquelle on renonce volontairement à une dignité souveraine. Craignons de tomber dans l'abîme du vice. Les pluies abondantes vont abîmer les chemins. L'ivrogne est un homme abject, méprisable; il prend une physionomie abjecte, parce qu'il vit dans un état continuel d'abjection ou d'abaissement.

DEUXIÈME LEÇON.

FAMILLES A PORTER AU TABLEAU.

7. *Aboyer, aboyeur, abois, aboiement ou aboiment.*

8. *Abolir, abolissement, abolition.*

9. *Abominable, abominablement, abomination.*

10. *Abonder, abondance, abondant, abondamment, surabonder, surabondance, surabondant, surabondamment.*

DICTÉE. J'entends aboyer mon chien dans la cour. On appelle aboyeur un chien qui aboie à la vue du sanglier, sans en approcher. Ta chienne a fait entendre un long aboiement. On dit d'une personne qui se meurt, qu'elle est aux abois. Il faut abolir les mauvaises coutumes. Je vous parle de l'abolissement des anciens usages. Nous devons l'abolition des lois barbares aux heureux progrès

---

REVUE GRAMMATICALE ET LITTÉRAIRE.

11. **Pressaille, pressurage.** — *Pressaille* n'est pas français. Dites : *Pressurage*. (Académie.)

12. **S'embrouiller, se brouiller.** — *S'embrouiller* se dit d'une personne qui perd le fil de sa pensée, de son discours, et non du temps qui se couvre de nuages. Par conséquent, ne dites plus : *Le temps s'embrouille.* Dites : *Le temps se brouille.* (Académie.)

13. **Rose coconnée, rose à cent feuilles.** — Puisque *coconné* est un barbarisme, ne dites plus : *Rose coconnée.* Dites : *Rose à cent feuilles.* (Académie.)

14. **Se rattraper, se racquitter.** — *Se rattraper,*

de la civilisation. L'assassin commet un crime abominable. Cet écolier et cette écolière écrivent abominablement mal. J'ai en abomination toutes les méchantes gens. Ce pays abonde en richesses. Vous vivez dans la plus grande abondance. Cet orateur est abondant en paroles, en comparaisons. Nous aurons une récolte abondante. Tu ne dois plus souhaiter de grands biens, car tu en as abondamment. Les mines d'or surabondent dans cette contrée. Le camp ennemi est surabondant en provisions. Surabondance signifie très-grande abondance. Nous avons surabondamment des vivres pour l'année prochaine.

TROISIÈME LEÇON.

FAMILLES A PORTER AU TABLEAU.

11. *Abri, abriter, inabrité, à l'abri.*
12. *Abricot, abricotier.*
13. *Abroger, abrogation.*
14. *Absent, absence, s'absenter.*
15. *Absolu, absolument, absolutisme.*

DICTÉE. On appelle abri le lieu où l'on se met à couvert du vent, de la pluie, de l'ardeur du soleil. La mai-

---

REVUE GRAMMATICALE ET LITTÉRAIRE.

employé dans le sens de regagner ce qu'on a perdu au jeu, n'est pas français. Dites : *Se racquitter.* (Académie.)

15. Jacobine, mansarde. — *Jacobine* est un barbarisme. Dites : *Mansarde.* (Académie.)

16. Se désillusionner. — Cette manière de parler n'est pas française. Dites : *Se détromper,* ou : *Se désabuser.* (Académie.)

17. Se dépêcher vite. — Dans cette façon de parler l'adverbe *vite* n'ajoute rien à la pensée rendue par *se dépêcher.* Comme il est inutile, il faut le supprimer. Ainsi ne dites pas : *Dépêche-toi vite de partir.* Dites : *Dépêche-toi de partir,* ou : *Hâte toi de partir.* (Académie.)

son d'un protecteur est un abri pour l'orphelin. C'est un devoir d'abriter celui qui n'a point d'abri. Voici un ancien château inabrité, c'est-à-dire sans toiture. Nous allons nous mettre à l'abri du mauvais temps. L'abricot est une sorte de fruit dont le goût tient de la pêche et de la prune. L'abricotier est l'arbre qui produit les abricots. Il faut abroger, abolir, détruire les mauvaises coutumes. L'abrogation est l'action par laquelle on abroge, on abolit une loi. Vous ne pouvez parler à mon père, parce qu'il est absent. Tu as fait une longue absence. Ma sœur, qui est absente aujourd'hui, ne veut pas s'absenter demain. Tu as un pouvoir absolu, une autorité absolue sur les gens de ta maison. La personne qui est l'objet de notre conversation, dispose absolument de tout dans la maison de mon oncle. L'absolutisme est un système de gouvernement où la volonté du roi est la loi suprême.

QUATRIÈME LEÇON.

FAMILLES A PORTER AU TABLEAU.

16. *Absoudre, absolution, absolutoire, absoute.*

17. *Absurde, absurdement, absurdité.*

18. *Abus, abuser, abuseur, abusif, abusive, abusivement, désabuser, désabusement.*

REVUE GRAMMATICALE ET LITTÉRAIRE.

18. **Vicoter, vivoter.** — *Vicoter* est un barbarisme. Dites : *Vivoter.* (Académie.)

19. **Retirer, redresser, serrer.** — *Retirer* et *redresser*, employés dans le sens de *mettre à couvert, en lieu sûr, enfermer*, ne sont pas français. La véritable expression est *serrer*. Ainsi, ne dites plus : *J'ai déjà retiré tous mes foins ; redresse ton linge dans ta commode*, etc., etc. Dites : *J'ai déjà serré tous mes foins ; serre ton linge dans ta commode.* (Académie.)

20. **Cuiller, cuillère.** — Voilà deux mots qui se disent indifféremment d'un ustensile de table dont on se sert ordinairement pour manger le potage ; mais ils sont tous

19. *Académie, académicien, académique, académiquement.*

DICTÉE. Tout prêtre a le pouvoir d'absoudre en cas de mort. J'ai eu le bonheur de recevoir l'absolution de mes fautes. Le pape a fait parvenir un bref absolutoire aux évêques de plusieurs diocèses. L'absoute est une absolution publique, donnée au peuple le jour de Pâques. Ce qui est absurde n'est pas conforme à la raison. Vous parlez absurdement, d'une manière absurde. Cet homme est d'une absurdité rare. L'abus que tu fais de tes richesses, te rend coupable devant Dieu. Je ne veux pas abuser de vos complaisances. Je te conseille de ne pas accorder ta confiance à cet homme ; car c'est un trompeur, un grand abuseur. Ce qui est abusif, est contraire aux usages. Voilà une expression abusive, un mot abusivement employé. Vous êtes dans l'erreur, et je veux vous désabuser, vous détromper. On appelle désabusement l'action par laquelle on détrompe quelqu'un. Une académie est une société de savants, de gens de lettres ou d'artistes, qu'on nomme académiciens. Nous assisterons demain à une séance académique, où nous entendrons prononcer un discours, dont le sujet sera traité académiquement, c'est-à-dire avec beaucoup d'érudition.

REVUE GRAMMATICALE ET LITTÉRAIRE.

les deux du féminin. Par conséquent, ne dites plus : *Un cuiller, prenez ce cuiller, donnez-moi ce petit cuiller,* etc. Dites à volonté : *Une cuiller* ou *une cuillère, prenez cette cuiller* ou *cette cuillère, donnez-moi cette petite cuiller* ou *cette petite cuillère.* (Académie.)

REMARQUE. — La plupart disent : *Cueillé;* mais gardons-nous d'employer ce mot, qui n'est point français.

21. **Sembler bon.** — Bien souvent on emploie le verbe *sembler,* pris unipersonnellement, sans exprimer le pronom *il,* son sujet indispensable. Par exemple, on dit : *Je me promène quand bon me semble; tu partiras quand bon te semblera; je me levais quand bon me semblait.*

CINQUIÈME LEÇON.

FAMILLES A PORTER AU TABLEAU.

20. *Acariâtre, acariâtreté.*.
21. *Accabler, accablant, accablement.*
22. *Accaparer, accapareur, accapareuse, accapare-ment.*
23. *Accent, accentuer, accentuation.*
24. *Accepter, acception, accepteur, acceptation, ac-ceptable, inacceptable.*

DICTÉE. Cette petite fille est acariâtre, d'une humeur fâcheuse, aigre et criarde ; aussi son acariâtreté la rend-elle insupportable. Ne vous laissez pas accabler par la tristesse. La mauvaise conduite de ce jeune homme vient de lui attirer un reproche accablant. Depuis la mort de son frère, Auguste est dans un grand accablement. Accaparer signifie acheter des denrées quelconques dans le dessein de les vendre très-cher, faute de concurrents. L'accapareur et l'accapareuse font l'odieux métier d'accaparer. Il est du devoir de la police d'empêcher tout accaparement. Nous avons trois sortes d'accents : l'accent grave, l'accent aigu et l'accent circonflexe. Pour bien

REVUE GRAMMATICALE ET LITTÉRAIRE.

etc., etc. Ces phrases, comme toutes celles qui sont semblables, pèchent gravement contre les principes. Pour les rendre correctes, exprimez le pronom *il*, mettez l'adjectif *bon* après le verbe *sembler*, et dites avec ceux qui parlent bien : *Je me promène quand il me semble bon ; tu partiras quand il te semblera bon ; je me levais quand il me semblait bon.*

22. **Point-en-arrière arrière-point.** — *Arrière-point* se dit d'un rang de points continus qu'on fait d'avant en arrière avec une aiguille et du fil. *Point-en-arrière*, qu'on emploie souvent pour désigner la même idée, n'est pas français. Ne dites donc plus : *Un point-en-ar-*

accentuer, c'est-à-dire mettre les accents, il faut connaître l'accentuation ou la manière d'accentuer. J'accepte votre offre avec plaisir, puisque vous voulez bien accepter la mienne. Dieu ne fait acception de personne, parce que tous les hommes sont égaux devant sa grandeur infinie. L'accepteur d'une lettre de change devient débiteur personnel après l'acceptation. Tu acceptes ma condition, parce qu'elle te paraît acceptable. Nous n'acceptons pas la proposition, qui est inacceptable.

SIXIÈME LEÇON.

FAMILLES A PORTER AU TABLEAU.

25. *Accès, accession, accessible, accessit, accessoire, accessoirement, inaccessible.*

26. *Accident, accidentel, accidentelle, accidentellement, accidenté.*

27. *Accuser, accusation, accusateur, accusatrice, accusé, coaccusé.*

Dictée. On aime les personnes qui sont d'un facile accès, d'un abord agréable. Les discours des flatteurs ne laissent pas d'accès à la vérité. Il y a eu accession au consentement du père au mariage de son fils. Un lieu accès-

---

REVUE GRAMMATICALE ET LITTÉRAIRE.

rière, *des points-en-arrière.* Dites : *Un arrière-point, des arrière-points.* (Académie.)

23. Percal, percale. — *Percal* n'est pas français. La véritable expression est *percale,* substantif féminin. Ainsi ne dites plus : *Le percal, du percal, de beau percal,* etc. Dites et écrivez : *La percale, de la percale, de belle percale.* (Académie.)

24. Faire fortune contre bon cœur. — Voilà une très-mauvaise manière de parler. Dites : *Faire contre fortune bon cœur.* (Académie.)

25. Tout cœur, tout de cœur. — On fait toujours une faute quand on dit, en parlant d'un homme très-géné-

sible est celui dont on peut approcher. On appelle accessit la récompense accordée à l'écolier qui approche le plus du prix. L'accessoire doit suivre le principal. Nous n'avons qu'accessoirement besoin de vin ; car le vin n'est pas nécessaire à la vie. Cette montagne est inaccessible, d'un accès impossible. Les soldats intrépides sont inaccessibles à la peur. Il est arrivé un accident, un malheur. Ce qui est accidentel, arrive par hasard .La blancheur est accidentelle à la cire. Le verbe accidentellement pronominal est celui qui peut se conjuguer sans deux pronoms de la même personne. On dit qu'un terrain est accidenté, quand il est inégal, qu'il présente des aspects variés. C'est un crime d'accuser l'innocence. Il y a plusieurs chefs d'accusation contre les voleurs qu'on vient de conduire dans les royales prisons de notre ville. L'accusateur et l'accusatrice accusent l'accusé d'avoir commis deux assassinats. On appelle coaccusé un individu qui s'est rendu coupable d'un crime de concert avec une, deux ou plusieurs autres personnes.

SEPTIÈME LEÇON.

FAMILLES A PORTER AU TABLEAU.

28. *Acheter, achat, acheteur, acheteuse, rachat, racheter, rachetable.*

REVUE GRAMMATICALE ET LITTÉRAIRE.

reux : *Il est tout de cœur.* Pour parler correctement, il faut supprimer *de* et dire avec l'Académie : *Il est tout cœur.*

26. Tonne, tonnelle. — Voilà deux expressions qu'il ne faut pas confondre. En effet, *tonne* se dit d'un grand tonneau ou de son contenu, et *tonnelle,* d'un berceau de treillage ordinairement construit dans un jardin pour l'agrément du propriétaire. Ainsi, au lieu de dire : *Nous avons goûté dans une tonne,* dites : *Nous avons goûté dans une tonnelle.* (Académie.)

27. Brouar, brouhaha. — Pour désigner un bruit confus d'applaudissements ou de désapprobation, on dit souvent : *Brouar;* mais gardons-nous d'employer ce mot,

29. *Achever*, *achèvement*, *inachevé*.
30. *Acide*, *acidité*, *acidifier*, *acidifiable*, *aciduler*.
31. *Acier*, *aciérie*, *aciérer*.
32. *Acquiescer*, *acquiescement*.

DICTÉE. Nous allons acheter du blé, parce que nous en avons besoin. C'est acheter bien cher un repentir que de se ruiner pour satisfaire ses passions. Je viens de faire l'achat, l'acquisition d'un vaste et beau domaine. L'acheteur et l'acheteuse fréquentent les foires et les marchés pour faire de bons achats. On appelle rachat l'action de racheter ce qu'on a vendu. Un droit rachetable est un droit qu'on peut racheter. Je veux achever mes devoirs avant d'aller à la campagne. Le public admire l'achèvement, la perfection de ce tableau, de cette statue. Il ne faut pas laisser votre travail inachevé. Je n'aime pas le fruit acide, d'une saveur piquante. L'acidité de cette pomme ne me permet pas de la manger. Il faut légèrement acidifier, aciduler ou rendre piquante la tisane de votre malade. Le vin est acidifiable, c'est-à-dire peut devenir aigre, piquant. On appelle aciérie le lieu, le bâtiment où l'on fabrique l'acier. Aciérer signifie convertir le fer en acier. Nous devons acquiescer ou céder à la volonté de Dieu. J'ai donné mon acquiescement, mon consentement au départ de mon fils pour Paris.

REVUE GRAMMATICALE ET LITTÉRAIRE.

qui est un barbarisme. Disons : *Brouhaha*. (Académie.)

28. **Prier quelqu'un d'un service**. — Cette manière de parler n'est pas française. Pour la rendre correcte, exprimez le verbe *rendre*, en disant : *Prier quelqu'un de rendre un service*. (Académie.) Ainsi, au lieu de dire avec le vulgaire : *Je viens vous prier d'un service, d'un petit service*, dites avec toutes les personnes qui parlent bien : *Je viens vous prier de me rendre un service, un petit service*.

29. **Symptôme**. — Puisque le *p* est nul pour la prononciation dans ce mot, comme dans *baptême*, prononcez donc comme si vous écriviez : *syntôme*.

30. **Eclairer, allumer**. — Ne confondez pas ces

HUITIÈME LEÇON.

FAMILLES A PORTER AU TABLEAU.

33. *Acre, âcreté.*
34. *Acrimonie, acrimonieux, acrimonieuse.*
35. *Acte, acteur, actrice, entr'acte.*
36. *Actif, active, activement, activité, activer, inactif, inactive, inactivité.*

DICTÉE. Le sel est âcre, a quelque chose de piquant.
L'oseille est une plante potagère, acide, âcre au goût. Je
déteste la personne qui a de l'âcreté dans l'humeur. Il y
a de l'acrimonie, de l'âcreté dans le caractère de ce jeune
homme, puisqu'il parle toujours d'un ton acrimonieux,
d'une manière acrimonieuse. Dieu est si puissant que la
création du monde a été un simple acte de sa volonté.
L'habitude se forme par des actes réitérés. Il n'y a qu'un
fort acteur et une forte actrice qui puissent jouer la pièce
dont nous parlons. On appelle entr'acte l'intervalle entre
deux actes d'une pièce de théâtre. Nous avons fait une
agréable conversation pendant l'entr'acte. J'ai un domestique actif, diligent. Voici la plus active de mes ouvriè-

---

REVUE GRAMMATICALE ET LITTÉRAIRE.

deux expressions : la première signifie *répandre de la clarté*,
et la seconde, *mettre le feu à quelque chose de combustible*.
Ainsi ne dites pas avec le vulgaire : *Éclairer la bougie*,
éclairer la chandelle, *éclairer le flambeau*, *éclairer la
lampe*, *éclairer le feu*, etc., etc. Dites avec l'Académie :
*Allumer la bougie, allumer la chandelle, allumer le flam-
beau, allumer la lampe, allumer le feu.*

31. **Lissieu, eau de lessive.** — *Lissieu* n'est pas
français. Dites : *Eau de lessive.* (Académie.)

32. **Mort-aux-rats.** — Puisque ce mot est féminin,
ne dites pas : *Du mort-aux-rats.* Dites : *De la mort-aux-
rats.* (Académie.)

res. Mon procureur conduit activement un procès. J'admire l'activité de cet homme. Il faut activer, hâter vos travaux, si vous voulez les terminer avant le commencement du mois prochain. L'homme inactif et la femme inactive se plaisent dans l'inactivité, l'indolence, la paresse, l'oisiveté.

NEUVIÈME LEÇON.

FAMILLES A PORTER AU TABLEAU.

57. *Action, actionner, actionnaire, inaction.*
58. *Actuel, actuelle, actuellement.*
39. *Addition, additionner.*
40. *Adhérer, adhérent, adhésion.*
41. *Adjectif, adjectivement.*
42. *Adonis, adoniser.*

Dictée. L'aumône est la plus belle action qu'on puisse faire. Si tes débiteurs ne paient pas, il faut les actionner, les poursuivre en justice. On appelle actionnaire celui ou celle qui a une ou plusieurs actions dans une compagnie de commerce. L'homme actif ne peut rester dans l'inaction, sans rien faire. L'état actuel ou présent de

---

REVUE GRAMMATICALE ET LITTÉRAIRE.

33. **Teppe, terre vaine.** — *Teppe,* qu'on emploie souvent pour désigner un espace de terre inculte, qui ne produit rien, n'est pas français. Dites : *Terre vaine.* (Académie.)

34. **Égrugeoir, mortier.** — L'Académie appelle *égrugeoir* une sorte de petit vaisseau ordinairement en bois, dans lequel on brise le sel avec un pilon. Préférez ce mot à *mortier,* dont la plupart se servent pour exprimer la même idée. (Académie.)

35. **Pesanter, soupeser.** — *Pesanter,* qu'on emploie fréquemment dans le sens de *lever un fardeau avec la main pour juger du poids,* n'est pas français. Dites : *Soupeser.* (Académie.)

2

votre malade n'offre rien d'alarmant. Ta position actuelle
ne te permet pas de faire des dépenses inutiles. Ceux qui
sont morts pour la défense de la religion, jouissent actuellement au ciel d'un bonheur sans mélange. L'addition est une opération par laquelle on joint ensemble
deux ou plusieurs quantités pour en faire une seule,
qu'on appelle total. Je vais additionner vos journées pour
en connaître le montant. C'est gâter les enfants que d'a-
dhérer à toutes leurs fantaisies. L'adhérent ou complice
de ce voleur sera mis en prison. Le fils de famille ne
doit rien faire sans l'adhésion de son père. L'adjectif se
joint au substantif pour marquer une qualité, une manière d'être. Le substantif est employé adjectivement
lorsqu'il joue le rôle d'un adjectif. On appelle adonis un
jeune homme qui prend un soin exagéré de sa toilette.
Une bonne mère se garde bien d'adoniser une jeune fille,
de la parer avec affectation, de crainte de la rendre va-
niteuse et ridicule.

DIXIÈME LEÇON.

FAMILLES A PORTER AU TABLEAU.

43. *Adorer, adorable, adorateur, adoratrice, ado-*
ration.

REVUE GRAMMATICALE ET LITTÉRAIRE.

36. **Registre**. — N'imitez pas ceux qui prononcent :
Régistre ; car aucun dictionnaire ne met un accent aigu sur
l'e qui est devant le *g.*

37. **Perce-neige**. — Ce mot est féminin, quoique la
plupart le fassent masculin. Ainsi ne dites pas : *Voilà un*
beau perce-neige, de beaux perce-neige, etc. Dites : *Voilà*
une belle perce-neige, de belles perce-neige. (Académie.)

Nous faisons remarquer, en passant, que *perce-neige*
s'écrit sans *s* au pluriel comme au singulier : *Un perce-*
neige, des perce-neige. (Académie.)

38. **Désir**. — Quelques novateurs de fort mauvais goût
prononcent : *Désir ;* mais ils sont condamnés par l'Académie

44. *Adresse (indication)*, *adresser*.

45. *Adresse (dextérité)*, *adroit*, *adroite*, *adroitement*, *maladroit*, *maladroite*, *maladroitement*, *maladresse*.

46. *Aduler*, *adulateur*, *adulatrice*, *adulation*.

DICTÉE. Nous devons adorer Dieu en esprit et en vérité. La Providence est adorable en tout et partout. L'adorateur du vrai Dieu goûte des plaisirs que ne goûte pas le monde. La femme mondaine est adoratrice des grandeurs humaines. Le fervent chrétien consacre sa vie entière à l'adoration du Créateur du ciel et de la terre. J'ai à vous remettre une lettre qui porte votre adresse. Le condamné est sur le point d'adresser une supplique au roi pour lui demander sa grâce. La reine pieuse emploie l'adresse de ses mains royales à la décoration des autels. Le méchant est adroit à dissimuler, à tromper. Cet ouvrier travaille si adroitement, d'une manière si adroite, qu'il est le plus habile ouvrier de mon atelier. Celui qui est maladroit, ne fait rien avec adresse. La personne dont je vous parle, est une couturière fort maladroite, qui fait tout si maladroitement qu'elle perd toutes ses pratiques. On entend par maladresse un défaut, un manque d'aptitude aux ouvrages de main. Je me tiens toujours en

---

REVUE GRAMMATICALE ET LITTÉRAIRE.

---

et toutes les personnes qui parlent bien. Écrivez et prononcez : *Désir*.

39. **Myrte.** — Ce mot, qu'on emploie pour désigner un arbrisseau toujours vert, est du masculin, quoique la plupart le fassent féminin. Ainsi ne dites pas : *La myrte, de la myrte*, etc. Dites : *Le myrte, du myrte*. (Académie.)

40. **Déteindre, se déteindre.** — Ne confondez pas ces deux manières de parler :

En effet, la première signifie faire perdre la couleur à quelque chose : *Le vinaigre déteint les étoffes.* (Académie.)

La seconde, au contraire, se dit d'un objet qui perd sa propre couleur : *Ces draps-là se déteignent.* (Académie.)

garde contre les paroles trompeuses de l'adulateur **et de** l'adulatrice. L'adulation est l'action d'aduler, de flatter, de donner à quelqu'un des louanges excessives, basses et intéressées.

ONZIÈME LEÇON.

FAMILLES A PORTER AU TABLEAU.

47. *Adulte, adolescent, adolescence.*
48. *Adverse, adversaire, adversité.*
49. *Affable, affablement, affabilité.*
50. *Affecter, affectation, afféterie, affété.*
51. *Affection, affectionner, affectueux, affectueuse, affectueusement, désaffection, désaffectionner.*

DICTÉE. On appelle adulte l'enfant qui est parvenu à l'âge de raison. On est adolescent depuis quatorze ans jusqu'à vingt-cinq. Ma sœur est jeune, puisqu'elle est encore dans l'âge de l'adolescence. Je nie les faits soutenus par la partie adverse, par la personne qui plaide contre moi. J'ai un adversaire redoutable. L'adversité abat le courage. L'homme d'un caractère affable est aimé

REVUE GRAMMATICALE ET LITTÉRAIRE.

Ainsi ne dites plus : *Ce fil déteint; cette soie déteint; cette laine a déteint; ces draps ont déteint; je ne prends pas cette robe, parce qu'elle déteindra,* etc. Dans ces phrases, ainsi que dans beaucoup d'autres semblables, le verbe *déteindre* constitue un contre-sens évident, puisqu'il présente une idée contraire à celle que vous voulez exprimer. Pour les rendre claires, employez *se déteintre,* en disant : *Ce fil se déteint; cette soie se déteint; cette laine s'est déteinte; ces draps se sont déteints; je ne prends pas cette robe, parce qu'elle se déteindra.*

41. **Vêpres.** — Suivant l'Académie et tous les dictionnaires, non-seulement ce mot est féminin, mais encore il

de tout le monde, parce qu'il est d'un abord facile et agréable. On aime les personnes qui parlent affablement, avec douceur. J'admire l'affabilité, la bienveillance avec laquelle l'homme de bien aborde et soulage la misère. Tu verras toujours l'hypocrite affecter une grande humilité, une grande modestie. L'affectation dans le maintien déplaît à tout le monde. On déteste l'afféterie, la recherche dans les manières et les paroles. Ce jeune homme ne serait pas désagréable si son langage n'était point affété. Le cadet est surtout l'objet de l'affection maternelle. Le cœur insensible est privé du plaisir d'affectionner. Un mot affectueux relève le courage abattu. Une parole affectueuse frappe agréablement l'oreille de l'homme malheureux. La mère tendre parle affectueusement à ses enfants. La désaffection est le contraire, l'opposé de l'affection. Celui qui est reconnaissant, craint de se désaffectionner son bienfaiteur, de perdre son affection par une honteuse ingratitude.

REVUE GRAMMATICALE ET LITTÉRAIRE.

n'est d'usage qu'au pluriel. On fait donc bien des fautes quand on dit avec le vulgaire : *Vêpre a été long aujourd'hui; vêpre ne sera pas long dimanche prochain,* etc. Il faut dire et écrire : *Les vêpres ont été longues aujourd'hui; les vêpres ne seront pas longues dimanche prochain.*

42. **Tandis que.** — L's ne sonne pas à la fin de *tandis.* Prononcez donc : *Tandi que,* et non : *Tandisse que.* (Tous les dictionnaires.)

43. **Comme tout.** — N'employez jamais cette manière de parler dans le sens de *très, fort, extrêmement.* Ainsi ne dites plus : *Il est sage comme tout ; elle est méchante comme tout,* etc. Dites avec toutes les personnes

DOUZIÈME LEÇON.

FAMILLES A PORTER AU TABLEAU.

52. *Affirmer, affirmatif, affirmative, affirmative-ment, affirmation.*

53. *Affliger, afflictive, affliction, affligeant, affli-geante.*

54. *Affreux, affreuse, affreusement.*

55. *Affubler, affublement.*

56. *Age, âgé.*

DICTÉE. Il ne faut jamais affirmer ce qu'on n'a pas vu. Il est contre la bienséance de parler d'un ton affirmatif, d'une manière affirmative ou trop décisive. Voici une lettre par laquelle mon ami Alexandre m'invite à passer quelques jours à sa campagne, et je vais lui répondre af-firmativement, c'est-à-dire que je me rendrai avec plaisir à sa gracieuse invitation. L'affirmation est le contraire de la négation. L'enfant qui aime sa mère, se garde bien de l'affliger par de coupables étourderies. Le voleur sera condamné à une peine afflictive. Cette mère est si bonne,

---

REVUE GRAMMATICALE ET LITTÉRAIRE.

---

qui parlent bien : *Il est très-sage, fort sage, extrêmement sage ; elle est très-méchante, fort méchante, extrêmement méchante.*

44. **Seau.** — On appelle ainsi un vase en bois propre à puiser et à transporter de l'eau. La plupart prononcent : *Séau*, ce qui est une grosse faute. Ecrivez : *Seau*, et pro-noncer : *Sau*. (Tous les dictionnaires.)

45. **Gages.** — Ce mot, employé dans le sens de sa-laire annuel d'un domestique, n'est, suivant l'Académie, d'usage qu'au pluriel. On parle donc toujours mal quand on dit dans ce sens : *J'ai reçu mon gage; vous avez un pe-tit gage ; je vous paierai lorsque j'aurai reçu mon gage,* etc.

si tendre, que la perte de son fils lui cause une affliction mortelle. Ce que vous me dites, est bien affligeant ; mais la nouvelle que je viens de recevoir, est encore plus affligeante. J'ai vu dans un songe un fantôme affreux, une image affreuse, qui était affreusement laide. On appelle affublement un habillement qui a quelque chose d'extraordinaire et de ridicule. L'hypocrite cherche toujours à s'affubler des dehors de la vertu. L'âge du cheval n'est guère que de trente ans. L'homme âgé de trente ans est dans toute la force de l'âge.

TREIZIÈME LEÇON.

FAMILLES A PORTER AU TABLEAU.

57. *Agglomérer, agglomération.*
58. *Agile, agilement, agilité.*
59. *Agio, agioter, agiotage, agioteur.*
60. *Agiter, agitateur, agitation.*
61. *Agneau, agnelet, agnus.*
62. *Agonie, agoniser, agonisant.*

REVUE GRAMMATICALE ET LITTÉRAIRE.

Il faut dire : *J'ai reçu mes gages ; vous avez de petits gages ; je vous paierai lorsque j'aurai reçu mes gages.* C'est d'après la même autorité qu'on doit encore écrire *gages* au pluriel dans les manières de parler suivantes : *Homme à gages, femme à gages, fille à gages.*

46. **Coupeau, écoupeau, écopeau.** — Ces trois mots, qu'on emploie souvent pour désigner un éclat, un morceau de bois enlevé par un instrument tranchant, ne se trouvent dans aucun dictionnaire. Ils ne sont par conséquent pas français. Dites : *Copeau, un copeau, des copeaux.* (Académie.)

47. **Paraître.** — Un abonné désire savoir si l'on peut

Dictée. L'agglomération des neiges rend souvent impossible le passage dont nous parlons. Je vois chaque jour des sables s'agglomérer au bord de ce fleuve de manière à former des masses solides. Le singe est un animal agile, léger, souple, dispos ; il va, vient, saute avec une agilité étonnante. Le bon cavalier monte lestement à cheval et voltige fort agilement. L'agio ou l'agiotage est une espèce de trafic de billets de banque. Celui qui se livre à cette sorte de commerce, achète ou vend les billets dont il s'agit, suivant l'opinion qu'il a qu'ils hausseront ou baisseront de valeur. Agioter, ou faire l'agiotage, est le métier de l'agioteur. J'aime à entendre le souffle léger du zéphyr agiter les feuilles du peuplier. L'agitateur, ou l'auteur du trouble qui vient d'avoir lieu sur la place publique, sera bientôt arrêté et mis en prison. L'agitation de la mer m'épouvante.

L'agnelet est un petit agneau. On appelle agnus une cire bénite par le pape, sur laquelle on imprime la figure d'un agneau. Ce jeune homme est si malade qu'il est près d'agoniser ou d'être à l'agonie. Nous devons prier avec ferveur pour cet agonisant, qui, dans un moment peut-être, paraîtra devant Dieu pour être jugé selon ses œuvres.

REVUE GRAMMATICALE ET LITTÉRAIRE.

dire avec un auteur. *Quant au journal dont vous me parlez dans votre lettre, je vous envoie tous les numéros parus jusqu'à ce jour.*

Réponse. Le verbe *paraître* se conjugue toujours avec l'auxiliaire *avoir* dans ses temps composés, et cet auxiliaire ne doit jamais être sous-entendu. De plus, le participe passé de ce verbe est invariable de sa nature. La phrase proposée est donc doublement fautive. Il faut dire et écrire avec tous les grammairiens : *Quant au journal dont vous me parlez dans votre lettre, je vous envoie tous les numéros qui ont paru jusqu'à ce jour.*

48. **Déjeuner.** — Un autre abonné désire savoir s'il

QUATORZIÈME LEÇON.

FAMILLES A PORTER AU TABLEAU.

63. *Agraire, agreste, agricole, agriculteur, agri-culture, agronome, agronomie, agronomique.*

64. *Agréer (recevoir favorablement), agréable, agréablement, agrément, désagréer, désagréable, désagréablement, désagrément.*

65. *Agréer (équiper un vaisseau), agrès, agréeur, désagréer.*

DICTÉE. La loi agraire est une ancienne loi qui avait pour objet la distribution des terres conquises entre les citoyens et les soldats. Les personnes d'une humeur agreste et sauvage sont d'un abord désagréable et repoussant. La nation agricole vit en général dans l'abondance. L'agriculture est l'art de cultiver les terres. L'agriculteur est, pour ainsi dire, le nourricier de la société. L'agronome s'applique à l'agronomie. c'est-à-dire, à la science de l'agriculture. Je veux vous soumettre une question agronomique. Je ne puis agréer la proposition que vous me faites. Il est agréable de vivre avec

---

REVUE GRAMMATICALE ET LITTÉRAIRE.

faut dire : *Nous avons déjeuné au café,* ou : *Nous avons déjeuné de café.*

Réponse. Ces deux phrases sont françaises ; mais elles présentent des sens différents.

1° S'il s'agit du lieu où vous avez déjeuné, dites : *Nous avons déjeuné au café,* comme on dit : *Déjeuner au cabaret.*

2° Si vous parlez du café que vous avez pris, dites : *Nous avons déjeuné de café,* comme on dit avec l'Académie : *Déjeuner d'un pâté.*

Retenez bien que le verbe *déjeuner* veut toujours la préposition *de* avant le nom de la chose qui fait l'objet du re-

ses amis. Une parole de consolation frappe agréablement l'oreille. L'enfant soumis ne fait rien sans l'agrément de son père. Ce que vous faites là, peut désagréer, ou n'être pas agréable à votre oncle. Le fainéant passe désagréablement sa vie à ne savoir que faire. C'est un désagrément d'avoir des procès. Agréer un vaisseau, c'est l'équiper de ses agrès, c'est-à-dire, de voiles, de cordages, de poulies et de tout ce qui est nécessaire pour le mettre en état de naviguer. On appelle agréeur celui qui fournit les agrès. Nous allons désagréer ce vaisseau, c'est-à-dire, ôter les agrès.

QUINZIÈME LEÇON.

FAMILLES A PORTER AU TABLEAU.

66. *Agresseur, agressif, agressive, agression.*

67. *Aide, aider, aide-major, aide-majorité, aide de camp, s'entr'aider, sous-aide.*

68. *Aïeul, aïeule, bisaïeul, bisaïeule, trisaïeul, trisaïeule.*

REVUE GRAMMATICALE ET LITTÉRAIRE.

pas. C'est ainsi qu'il faut dire : *Déjeuner de lait, de chocolat*, et non : *Déjeuner au lait, au chocolat.*

49. **Pater, patère.** — Voilà deux mots qu'il ne faut pas confondre. En effet, *pater*, substantif masculin, se dit de l'oraison dominicale, et *patère*, substantif féminin, désigne un ornement en cuivre ou en tout autre métal, servant à supporter les rideaux d'une alcôve, d'une croisée. Ne dites donc plus en parlant de cette espèce d'ornement : *Un pater, un beau pater, un petit pater*, etc. Dites : *Une patère, une belle patère, une petite patère.* (Académie.)

50. **Voici, voilà, depuis.** — N'employez jamais *voici* ou *voilà* pour *depuis*. Ainsi ne dites pas : *Je suis ma-*

Dictée. L'agresseur est celui qui attaque le premier. Un seul mot agressif est souvent la cause d'une grande bataille. Toute parole agressive dénote une âme méchante. L'agression est toujours l'arme offensive de l'homme vindicatif. Il faut tout attendre de l'aide de Dieu. Jésus-Christ nous fait un rigoureux précepte d'aider les pauvres dans leurs nombreux et pressants besoins. L'aide-major est celui qui partage les travaux du major. On appelle aide-majorité la place des aides-majors. On nomme aide de camp un officier de guerre qui sert auprès du général pour porter les ordres de ce dernier partout où il est nécessaire de les transmettre. Si les hommes savaient s'entr'aider, on ne verrait pas un si grand nombre de malheureux gémir sous le poids accablant d'une affreuse misère. On appelle sous-aide celui qui est subordonné à l'aide dans les mêmes fonctions. Aïeul signifie grand-père, comme aïeule signifie grand'-mère. Le bisaïeul est le père de l'aïeul ou de l'aïeule. La bisaïeule est la mère de l'aïeul ou de l'aïeule. Le trisaïeul est le père du bisaïeul ou de la bisaïeule. La trisaïeule est la mère du bisaïeul ou de la bisaïeule.

REVUE GRAMMATICALE ET LITTÉRAIRE.

lade voici quelques jours ; elle est indisposée voilà une semaine ; il est absent voici un mois, etc. Dites avec toutes les personnes qui parlent bien : *Je suis malade depuis quelques jours ; elle est indisposée depuis une semaine ; il est absent depuis un mois.*

51. **Geole, geolier, geolière.** — Bien des personnes prononcent : *Géole, géolier, géolière,* sans doute parce qu'elles s'imaginent qu'il faut écrire de même. C'est là une double erreur. Ecrivons avec l'Académie : *Geole, geolier, geolière,* et prononçons avec la même autorité : *Jole, jolier, jolière.*

52. **Bureau, presse.** — *Bureau,* qu'on emploie

SEIZIÈME LEÇON.

FAMILLES A PORTER AU TABLEAU.

69. *Aigle, aiglon.*

70. *Aigre, aigrelet, aigrelette, aigrement, aigret, aigrette, aigreur, aigrir, aigre-doux. aigre-douce, besaigre, vinaigre, vinaigrer, vinaigrerie, vinaigrette, vinaigrier.*

DICTÉE. L'aigle est le plus grand des oiseaux de proie. L'aiglon est le petit de l'aigle. Le citron est un fruit aigre, acide, piquant. L'épine-vinette a un petit goût aigrelet, un peu aigre. J'aime beaucoup une sauce aigrelette. Celui qui parle aigrement ou d'une manière choquante, est détesté de tout le monde. Voici un fruit aigret. La groseille est aigrette. Il ne faut jamais permettre aux enfants de répliquer avec aigreur. Les paroles choquantes et les mauvais traitements ne font qu'aigrir ou irriter le caractère. Aigre-doux se dit de ce qui est mêlé d'aigre et de doux. L'orange est aigre-douce. Je n'aime pas le vin besaigre, c'est-à-dire, le vin qui prend un goût aigre lorsqu'il est au bas. Le vinaigre est du vin

---

REVUE GRAMMATICALE ET LITTÉRAIRE.

souvent pour désigner une sorte de pêche dont la chair est attachée au noyau, ne se trouve dans aucun dictionnaire ; il n'est donc pas français. La véritable expression est *presse*, substantif féminin. Par conséquent ne dites plus : *Un dureau, un petit dureau, de bons dureaux*, etc. Dites : *Une presse, une petite presse, de bonnes presses.* (Dictionnaire de Poitevin.)

53. **Bas, au bas, besaigre.** — Ne dites pas, en parlant du vin qui prend un goût aigre lorsque le tonneau est presque vide : *Voilà du vin bas ; votre vin est bas*, etc. Dites : *Voilà du vin qui est au bas ; votre vin est*

rendu aigre par artifice. Je vais mettre du vinaigre dans le vinaigrier pour vinaigrer la salade et faire une vinaigrette. On appelle vinaigrerie une fabrique de vinaigre.

DIX-SEPTIÈME LEÇON.

FAMILLES A PORTER AU TABLEAU.

71. *Aigu, aiguë, aiguisement, aiguiser, aiguiseur.*
72. *Aiguille, aiguillée, aiguillette, aiguilleter, aiguilletier, aiguillier, aiguillon, aiguillonner.*
73. *Ail, aillade.*
74. *Aile, ailé.*

Dictée. La lance est une arme offensive, à long manche et à fer aigu ou pointu. La pointe de l'épée doit être fort aiguë. J'ai donné vingt centimes pour l'aiguisement de mon canif. Le propre du travail et de la nécessité est d'aiguiser l'esprit, de le rendre plus prompt, plus pénétrant. On appelle aiguiseur celui dont le métier est de rendre les instruments aigus ou tranchants. Voici une aiguille très-fine. J'ai besoin d'une aiguillée de fil. Vous avez une belle aiguillette de soie. L'aiguilletier est celui

---

REVUE GRAMMATICALE ET LITTÉRAIRE.

au bas, ou bien : *Voilà du vin besaigre ; votre vin est besaigre.* (Académie.)

54. **Ainsi, comme cela**. — Souvent on emploie *comme cela* d'une manière bien fautive. Par exemple on dit : *Ne parlez pas comme cela ; puisque tu te conduis comme cela envers moi, tu t'en repentiras*, etc. Rendons ces phrases correctes en remplaçant *comme cela* par *ainsi*, et en disant : *Ne parlez pas ainsi ; puisque tu te conduis ainsi envers moi, tu t'en repentiras.* (Toutes les grammaires.)

55. **Pantalon**. — Gardez-vous d'employer ce mot au pluriel quand vous voulez parler d'un seul pantalon. Ainsi, au lieu de dire avec le vulgaire : *Je vais mettre mes panta-*

dont la profession est d'aiguilleter ou de faire des aiguil-
lettes. On appelle aiguillier un petit étui dans lequel on
met des aiguilles. Le laboureur pique les bœufs avec
l'aiguillon pour les faire avancer. Paul est un jeune
homme lent et paresseux ; il faut un peu l'aiguillonner
pour le faire agir. L'ail est une espèce d'oignon d'une
odeur très-forte. Une sauce faite avec de l'ail s'appelle
aillade. Le pigeon a l'aile forte. Le papillon est un insecte ailé.

DIX-HUITIÈME LEÇON.

FAMILLES A PORTER AU TABLEAU.

75. *Aimant, Aimanter,*

76. *Aimer, aimable, aimant, aimante, bien-aimé,
s'entr'aimer.*

77. *Air, aérer, aérien, aérienne, aérostat, aéronaute.*

78. *Aire, airée.*

DICTÉE. L'aimant est une pierre qui a la propriété
d'attirer le fer et à laquelle il y a deux points détermi-

REVUE GRAMMATICALE ET LITTÉRAIRE.

*lons blancs ; tu mettras tes pantalons noirs ; il mettra de-
main ses pantalons d'été,* etc., etc. Dites avec toutes les
personnes qui parlent bien : *Je vais mettre mon pantalon
blanc ; tu mettras ton pantalon noir ; il mettra demain son
pantalon d'été.*

56. **Vieille, vielle.** — *Vieille,* employé pour désigner un instrument de musique à cordes et à touches, que
l'on fait agir au moyen d'une roue, n'est pas français. Dites : *Vielle, jouer de la vielle,* en prononçant comme si
vous écriviez : *Vièle, jouer de la vièle.* (Académie.)

57. **Piffe, piffre.** — Ne dites pas : *Piffe,* en parlant

nés, dont l'un se tourne toujours vers le nord, et l'autre, vers le midi. Pour aimanter la boussole, il faut la passer sur une pierre d'aimant. Nous devons aimer Dieu par-dessus toutes choses. Le sentier de l'aimable vertu est parsemé de fleurs. L'enfant d'un caractère aimant se plaît à faire des jeux avec un compagnon dont l'âme est naturellement aimante. Paul est le bien-aimé de sa mère, parce qu'il ne laisse échapper aucune occasion de lui être agréable. Si les hommes voulaient s'entr'aimer, ils auraient en partage la paix et le bonheur. J'aime à respirer l'air pur d'une belle matinée de printemps. Aérer une chambre, c'est en ouvrir les fenêtres afin que l'air de cette chambre se purifie en se renouvelant. L'aéronaute est celui qui parcourt les airs dans un aérostat ou ballon ; il appelle ce parcours tantôt voyage aérien, tantôt promenade aérienne. On nomme aire la place unie de la grange où l'on bat le blé, comme on nomme airée la quantité de gerbes qu'on met en une seule fois dans l'aire.

DIX-NEUVIÈME LEÇON.

FAMILLES A PORTER AU TABLEAU.

79. *Aise, aisé, aisément, aisance, malaise, malaisé.*

REVUE GRAMMATICALE ET LITTÉRAIRE.

d'un homme très-gros, fort replet ; car ce mot est un barbarisme. La véritable expression est *piffre*. (Académie.)

58. Reinières, éreinières, lumbago. — Les deux premières expressions, dont se servent la plupart pour désigner un rhumatisme dans les reins, ne sont point françaises. Ne dites donc plus : *J'ai les reinières; il a les éreinières*, etc. Dites : *J'ai le lumbago ; il a le lumbago*, en prononçant comme si vous écriviez : *Lombago*. (Académie.)

59. Pleurs. — Bien des personnes s'imaginent que ce mot est féminin, et disent, par exemple : *Il a versé des pleurs abondantes*. C'est là une grave erreur ; car il est tou-

80. *Alène, alénier.*

81. *Aliéner, aliénable, aliénation, inaliénable.*

Dictée. On n'est jamais à son aise avec les gens à pré-
tentions. Il n'est pas aisé d'écrire avec élégance. Pour
faire aisément des vers, il faut bien connaître les règles
de la versification. L'aisance dans les manières donne à
l'homme un air charmant, qui plaît à tout le monde.
On appelle malaise une légère incommodité. Il est bien
malaisé de contenter le public. Le cordonnier se sert
de l'alène pour percer le cuir et le coudre. L'alénier est
celui qui fait ou vend des alènes. Je vais aliéner ou vendre ma vigne pour payer ce que je dois. Voici un domaine aliénable, qui peut être vendu. La femme ne
peut stipuler dans un contrat l'aliénation ou la vente de
sa dot, parce que la dot est inaliénable. La science est
l'aliment de l'esprit, comme le bois est l'aliment du feu.
Tout père doit alimenter son enfant. Tout enfant à son
tour doit alimenter son père infirme ou courbé sous le
poids de l'âge. Mon oncle m'a fait une pension alimen-
taire pour me récompenser des soins que je lui ai donnés pendant sa dernière maladie. L'alimentation est l'action d'alimenter. Le pain est alimenteux. La plante
potagère est également alimenteuse.

REVUE GRAMMATICALE ET LITTÉRAIRE.

jours masculin. Il faut donc dire : *Il a versé des pleurs
abondants.* (Académie.)

60. **Mite, mitaine.** — N'employez pas *mite* pour
mitaine : car *mitaine* se dit d'un gant sans doigtier, et *mite*
signifie un petit insecte sans ailes et à huit pattes, qui s'en-
gendre dans le vieux fromage, les fourrures, les vêtements
de laine. (Académie.)

61. **Raisiné.** — Ce mot se dit d'une confiture faite
avec du raisin doux ; la plupart le font féminin quoiqu'il ne
soit que masculin. Ainsi ne dites pas : *De la raisiné, de
bonne raisiné, d'excellente raisiné,* etc. Dites : *Du raisiné,
de bon raisiné, d'excellent raisiné.* (Dictionn. de Poitevin.)

VINGTIÈME LEÇON.

FAMILLES A PORTER AU TABLEAU.

82. *Allégorie, allégorique, allégoriquemeut, allégoriseur, allégoriseur.*

83. *Aller, allée, allure, contre-allée, s'en aller.*

84. *Alpha, alphabet, alphabétique, alphabétiquement.*

85. *Altérer, altérable, altération, désaltérer, inaltérable.*

DICTÉE. L'allégorie consiste à dire une chose pour en faire entendre une autre. Cette phrase présente un sens allégorique. Les Prophètes parlent quelquefois allégoriquement. Les Pères de l'Eglise ont voulu allégoriser presque tout l'Ancien Testament. L'allégoriseur s'attache à chercher un sens allégorique à toutes choses. On ne peut aller à la vraie gloire que par le sentier de la vertu. L'allée de mon jardin est bordée de fleurs odoriférantes. Votre cheval a une fort belle allure. On appelle contre-allée une allée parallèle à une allée princi-

---

REVUE GRAMMATICALE ET LITTÉRAIRE.

62. **A dur et désagréable.** — Le bon goût ne permet pas de mettre deux ou plusieurs *a* de suite dans une phrase. En effet, l'harmonie du style exige un heureux choix, un agréable accord de mots, de sons propres soit à flatter l'oreille par leur douceur, soit à la charmer par leur savante combinaison. Cet organe est fin, délicat, et l'écrivain doit surtout s'appliquer à lui plaire, s'il veut parvenir au cœur. Ecoutons Boileau à ce sujet :

Il est un heureux choix de mots harmonieux.
Fuyez des mauvais sons le concours odieux ;
Le vers le mieux rempli, la plus noble pensée,
Ne peut plaire à l'esprit quand l'oreille est blessée.

3

pale. Le teint de ma robe commence à s'en aller. L'alpha est la première lettre de l'alphabet grec. Les mots d'un dictionnaire sont rangés par ordre alphabétique ou alphabétiquement. La pureté du langage commence à s'altérer. On prétend que l'or n'est point altérable. L'altération des monnaies est un crime capital. Une tendre rosée vient chaque matin du printemps et de l'automne désaltérer la terre et ranimer les plantes. Une félicité inaltérable attend au ciel l'écolier vertueux.

VINGT-UNIÈME LEÇON.

FAMILLES A PORTER AU TABLEAU.

86. *Ambigu, ambiguë, ambiguïté, ambigument.*

87. *Ambition, ambitionner, ambitieux, ambitieuse.*

88. *Amphibologie, amphibologique, amphibologiquement.*

89. *Ample, amplement, ampleur, amplifier, amplification, amplificateur.*

Dictée. Votre lettre renferme un mot ambigu, qui peut être pris en deux sens. Ta réponse me paraît am-

---

REVUE GRAMMATICALE ET LITTÉRAIRE.

Ainsi l'on ne dira pas avec un auteur moderne : *Le général se décida à attaquer la ville.* Les trois a qui se suivent immédiatement dans cette phrase, produisent, outre une consonnance fort désagréable, deux hiatus qui en rendent la lecture lourde et traînante. Pour la rendre plus coulante et plus douce, il faut dire : *Le général prit le parti d'attaquer la ville,* ou bien : *Le général résolut d'attaquer la ville.*

63. **A Caron, de Caron.** — Un abonné demande s'il faut dire : *La barque à Caron,* ou : *La barque de Caron.*

Réponse. L'Académie emploie ces deux manières de parler ; mais la seconde est préférable à la première, attendu

biguë. Vous parlez toujours ambigument, d'une manière ambiguë. Il y a de l'ambiguïté dans tout ce que tu dis. L'homme ambitieux se permet tout pour arriver à son but. La femme ambitieuse sacrifie tout à sa passion. Toute mon ambition est d'avoir l'honneur de vous servir. Ambitionner signifie rechercher avec ardeur les honneurs, les dignités, les premières places. L'amphibologie est un double sens que présente une phrase mal construite. Souvent les oracles parlaient amphibologiquement, d'une manière amphibologique. Votre robe est trop ample, a trop d'étendue en longueur et en largeur. Demain je vous instruirai plus amplement de mon affaire. Ton manteau n'a pas assez d'ampleur. Il ne faut pas toujours amplifier ce qu'on dit. Cet écolier réussit dans l'amplification. Amplificateur se dit en mauvaise part de celui qui amplifie.

VINGT-DEUXIÈME LEÇON.

FAMILLES A PORTER AU TABLEAU.

90. *Amuser, amusement, amusant, amusante, amuseur, amusette.*

REVUE GRAMMATICALE ET LITTÉRAIRE.

qu'elle est plus conforme aux principes. En effet, selon les règles admises et toutes les personnes qui parlent bien, il faut dire : *Le livre de ma sœur, le chapeau de mon frère, la maison de mon oncle*, etc., au lieu de : *Le livre à ma sœur, le chapeau à mon frère, la maison à mon oncle*. Dites de même par analogie : *La barque de Caron,* au lieu de : *La barque à Caron.*

64. **Décontour, détour, tournant**. — *Décontour* est un barbarisme. Ainsi ne dites pas : *Le décontour d'un chemin, d'une rue, d'une rivière,* etc. La véritable expression est *détour* ou *tournant*. (Académie.)

65. **A compte, à-compte**. — Un abonné qui a vu

91. *An, année, annuité, annuel, annuelle, annuellement, annaliste, annales, anniversaire, bisannuel.*

92. *Analyse, analyser, analyste, analytique, analytiquement.*

Dictée. Les gens oisifs s'efforcent de donner un grand prix à l'art de les amuser. La lecture est un amusement utile. Voilà un homme amusant, une femme amusante. On appelle amuseur un conteur de sornettes. La poupée est une amusette d'enfant. Un an se compose de douze mois. Je vous souhaite une bonne année. On nomme annuité une somme payée chaque année, et calculée de manière que le débiteur se trouve libéré, dans un temps donné, du capital et des intérêts. Le consulat à Rome était annuel. Vous direz une messe annuelle. Je tire annuellement tout le revenu de ma terre. Un annaliste est un historien qui écrit des annales, qui rapporte des événements arrivés par année. C'est aujourd'hui l'anniversaire de votre naissance. Bisannuel se dit d'une plante qui périt après avoir subsisté deux ans. On appelle analyste celui qui est versé dans l'analyse mathématique. Je vais analyser cette phrase. Tu procèdes analytiquement, d'une manière analytique.

REVUE GRAMMATICALE ET LITTÉRAIRE.

ces deux manières de parler imprimées et écrites avec ou sans trait d'union, désire avoir quelques explications à ce sujet.

Réponse. Ecrivez :

1º *A compte*, sans trait d'union, lorsqu'il est locution adverbiale : *Il a donné mille francs à compte.* (Académie.)

2º *A-compte*, avec un trait d'union, lorsqu'il est employé substantivement : *Il n'a reçu qu'un à-compte.* (Acad.)

Remarque. Dans ce dernier cas, *à-compte* s'écrit sans *s* au pluriel comme au singulier : *Je lui ai donné deux à-compte.* (Académie.)

66. **S'en aller.** — Voilà un verbe que bien des per-

VINGT - TROISIÈME LEÇON.

FAMILLES A PORTER AU TABLEAU.

93. *Anathème, anathématiser.*

94. *Ancien, ancienne, anciennement, ancienneté, ancêtres.*

95. *Ancre, ancrer, désancrer.*

96. *Ane, ânée, ânerie, ânesse, ânier, ânière, ânon.*

97. *Ange, angélique, angélus, archange.*

DICTÉE. Anathématiser ou frapper d'anathème signifie excommunier. Ce château est ancien ; mais cette maison n'est pas ancienne. On vivait anciennement avec une grande sobriété. Les juges ont rang selon l'ancienneté. La distinction la moins exposée à l'envie est celle qui vient d'une longue suite d'ancêtres. L'ancre est une grosse pièce de fer à double crochet, servant à fixer les vaisseaux où l'on veut arrêter. Nous allons ancrer ou jeter l'ancre. Il faut désancrer, lever l'ancre. L'âne est un animal domestique, originaire des pays chauds. Tu as fait une ânerie, une erreur grossière. L'ânesse est la

---

REVUE GRAMMATICALE ET LITTÉRAIRE.

sonnes défigurent soit en parlant, soit en écrivant. Suivant l'Académie et les grammairiens, il faut toujours, dans les temps composés de ce verbe, mettre le pronom *en* devant l'auxiliaire être. Ainsi :

1° Ne dites pas au passé indéfini : *Je me suis en allé, tu t'es en allé, il s'est en allé, nous nous sommes en allés, vous vous êtes en allés, ils se sont en allés.*

Dites : *Je m'en suis allé, tu t'en es allé, il s'en est allé, nous nous en sommes allés, vous vous en êtes allés, ils s'en sont allés.*

2° Ne dites pas au passé antérieur : *Je me fus en allé, tu te*

femelle de l'âne. Voilà un ânier et une ânière, un homme et une femme qui conduisent des ânes. L'ânon est le petit de l'âne. Une reine pieuse est l'ange tutélaire de l'orphelin. Vous avez une voix angélique. J'entends sonner l'angélus. Cet enfant se conduit angéliquement, d'une manière angélique. L'archange est un ange d'un ordre supérieur.

VINGT-QUATRIÈME LEÇON.

FAMILLES A PORTER AU TABLEAU.

98. *Angle, angulaire, rectangle, rectangulaire, triangle, triangulaire, quadrangulaire.*

99. *Angles, anglais, anglaise, anglican, anglicane, anglicanisme, anglicisme, anglomane, anglomonie, Angleterre.*

100. *Anis, aniser, anisette.*

DICTÉE. On appelle angle l'espace compris entre deux lignes qui se rencontrent. La pierre angulaire est la pierre fondamentale d'un bâtiment. Voici un rectangle, une figure rectangulaire, qui a quatre angles droits. Le triangle a trois angles et trois côtés. Voilà un instrument

---

REVUE GRAMMATICALE ET LITTÉRAIRE.

fus en allé, il se fut en allé, nous nous fûmes en allés, vous vous fûtes en allés, ils se furent en allés.

Dites : *Je m'en fus allé, tu t'en fus allé, il s'en fut allé, nous nous en fûmes allés, vous vous en fûtes allés, ils s'en furent allés.*

3° Ne dites pas au plus-que-parfait : *Je m'étais en allé, tu t'étais en allé, il s'était en allé, nous nous étions en allés, vous vous étiez en allés, ils s'étaient en allés.*

Dites : *Je m'en étais allé, tu t'en étais allé, il s'en était allé, nous nous en étions allés, vous vous en étiez allés, ils s'en étaient allés.*

de musique appelé triangle, parce qu'il a une forme triangulaire ou trois angles. Cette figure est quadrangulaire, puisqu'elle a quatre angles. Angles est l'ancien nom du peuple anglais. J'aime la nation anglaise. Ce ministre est anglican ; il suit la religion anglicane. Anglicanisme se dit de la religion prostestante de l'État en Angleterre. On nomme anglicisme une façon de parler propre à la langue anglaise. L'anglomane a la manie d'admirer ou d'imiter tout ce qui est anglais, et cette manie s'appelle anglomanie. L'Angleterre est un puissant royaume. L'anis est une plante odoriférante, qui vient dans les terres chaudes et sablonneuses. L'anisette est composée avec de l'anis. Je vais aniser mes gâteaux, y mettre un peu d'anis.

VINGT-CINQUIÈME LEÇON.

FAMILLES A PORTER AU TABLEAU.

101. *Anneau, annulaire.*

102. *Antérieur, antérieure, antérieurement, antériorité.*

103. *Antique, antiquaille, antiquaire, antiquité.*

REVUE GRAMMATICALE ET LITTÉRAIRE.

4.° Ne dites pas au futur antérieur : *Je me serai en allé, tu te seras en allé, il se sera en allé, nous nous serons en allés, vous vous serez en allés, ils se seront en allés.*

Dites : *Je m'en serai allé, tu t'en seras allé, il s'en sera allé, nous nous en serons allés, vous vous en serez allés, ils s'en seront allés.*

5° Ne dites pas au premier conditionnel passé : *Je me serais en allé, tu te serais en allé, il se serait en allé, nous nous serions en allés, vous vous seriez en allés, ils se seraient en allés.*

Dites : *Je m'en serais allé, tu t'en serais allé, il s'en se-*

104. *Apôtre, apostolique, apostoliquement, apostat, apostolat, apostasie, apostasier.*

105. *Appel, appeler, rappel, rappeler, contre-appel.*

DICTÉE. L'anneau est un cercle d'or, d'argent ou de tout autre métal, qu'on porte au doigt. On appelle doigt annulaire le quatrième doigt, parce que c'est celui où l'on met l'anneau nuptial. Je vous parle d'un fait antérieur, d'une date antérieure. Cette dette a été contractée antérieurement à la vôtre. L'antériorité de votre hypothèque vous met hors de tout danger. Ce monument est antique. Antiquaille se dit d'une chose antique et de peu de valeur. Un antiquaire affirme que cette médaille est fausse. Cette maison est illustre par sa noblesse et son antiquité. Vous prêchez en apôtre, avec onction et abondance de cœur. Tu vis apostoliquement, d'une manière vraiment apostolique. Saint Paul est arrivé à l'aspostolat par une voie miraculeuse. On nomme apostat celui qui vient d'apostasier, de renoncer à sa religion. L'apostasie est l'abandon de la foi. L'appel ne se fera que dans une heure. Je vais appeler mon frère, qui s'amuse dans le jardin. Il faut battre le rappel et rappeler à l'ordre les soldats qui ne s'y rendront pas. On appelle contre-appel le second appel.

REVUE GRAMMATICALE ET LITTÉRAIRE.

rait allé, nous nous en serions allés, vous vous en seriez allés, ils s'en seraient allés.

6° Ne dites pas au second conditionnel passé : *Je me fusse en allé, tu te fusses en allé, il se fût en allé, nous nous fussions en allés, vous vous fussiez en allés, ils se fussent en allés.*

Dites : *Je m'en fusse allé, tu t'en fusses allé, il s'en fût allé, nous nous en fussions allés, vous vous en fussiez allés, ils s'en fussent allés.*

7° Ne dites pas au passé du subjonctif : *Que je me sois en allé, que tu te sois en allé, qu'il se soit en allé, que nous*

VINGT-SIXIÈME LEÇON.

FAMILLES A PORTER AU TABLEAU.

106. *Applaudir, applaudissement.*

107. *Appliquer, applicable, application, inapplication, inapplicable.*

108. *Appui, appui-main, appuyer.*

109. *Apre, âprement, âpreté.*

110. *Apte, aptitude, inaptitude, inepte, ineptie.*

111. *Arabie, arabe, arabique, arabesque.*

DICTÉE. Il est fâcheux de s'applaudir tout seul. Cet acteur a eu l'applaudissement de tout le monde. L'avare veut rarement s'appliquer ce qu'il entend dire contre l'avarice. Je loue votre application à l'étude. Ce passage est inapplicable, n'est pas applicable au sujet dont il s'agit. Inapplication signifie défaut d'application, d'attention. Dieu est mon unique appui. Ton oncle te promet d'appuyer ta demande. On appelle appui-main une espèce de baguette dont se servent les peintres pour appuyer la main qui tient le pinceau. Le froid est âpre, rude. Mon père me réprimande âprement, d'une maniè-

---

REVUE GRAMMATICALE ET LITTÉRAIRE.

nous soyons en allés, que vous vous soyez en allés, qu'ils se soient en allés.

Dites : *Que je m'en sois allé, que tu t'en sois allé, qu'il s'en soit allé, que nous nous en soyons allés, que vous vous en soyez allés, qu'ils s'en soient allés.*

8° Ne dites pas au plus-que-parfait du subjonctif : *Que je me fusse en allé, que tu te fusses en allé, qu'il se fût en allé, que nous nous fussions en allés, que vous vous fussiez en allés, qu'ils se fussent en allés.*

Dites : *Que je m'en fusse allé, que tu t'en fusses allé, qu'il s'en fût allé, que nous nous en fussions allés, que vous vous en fussiez allés, qu'ils s'en fussent allés.*

re dure. L'âpreté de ton caractère te rend insociable. Ce
jeune homme est apte à porter les armes. Vous avez une
grande aptitude aux mathématiques. L'inaptitude est
un défaut d'aptitude, de capacité. Celui qui est inepte,
frappé d'ineptie, n'a nulle aptitude. L'Arabie est un
grand pays de l'Asie occidentale. La gomme arabique
est d'une grande utilité. Je me livre avec ardeur à l'étude de l'architecture arabesque.

VINGT-SEPTIÈME LEÇON.

FAMILLES A PORTER AU TABLEAU.

112. *Arc, arcade, arquer, arc-boutant, arc-de-
triomphe, arc-en-ciel.*

113. *Ardeur, ardent, ardemment.*

114. *Argent, argenter, argenterie, argenteur, argentier, argentin, argentine, désargenter.*

115. *Aristocrate, aristocratie, aristocratique, aristocratiquement.*

116. *Arithmétique, arithmétiquement, arithméticien.*

Dictée. On appelle arc une sorte d'arme courbée en
demi-cercle et servant à tirer des flèches. Voilà une

REVUE GRAMMATICALE ET LITTÉRAIRE.

9° Ne dites pas au passé de l'infinitif : *S'être en allé.*
Dites : *S'en être allé.*

10° Ne dites pas au participe passé composé : *S'étant
en allé.*
Dites : *S'en étant allé.*

67. **Miner, défoncer**. — *Miner* ne se dit point dans
le sens de *fouiller un terrain à la profondeur de quelques
pieds pour en ôter les pierres et les gravois.* N'employez
donc plus ce mot pour rendre cette idée : La véritable expression est *défoncer.* (Académie.)

68. **S'asseoir**. — Un abonné ne trouve dans ses dictionnaires que la première personne du singulier des temps

grande arcade. Cette poutre commence à s'arquer, à se courber en arc. L'arc-boutant est une pièce de bois servant à soutenir un mur. Voici un bel arc-de-triomphe. L'arc-en-ciel paraît dans les nues comme une bande de différentes couleurs. Cet élève est ardent à l'étude. Tu travailles ardemment, avec beaucoup d'ardeur. Il faut toujours avoir l'argent à la main avec les ouvriers. Je vais faire argenter un vase. L'argenteur argente les métaux. L'argentier garde l'argenterie dans les maisons royales. Cette cloche a un son argentin. Vous avez une voix argentine. Votre flambeau commence à se désargenter, à se démunir d'argent. Cet homme est aristocrate, partisan de l'aristocratie. Vous gouvernez aristocratiquement, d'une manière aristocratique. L'arithmétique est la science des nombres, l'art de calculer. L'arithméticien procède arithmétiquement, d'une manière arithmétique.

VINGT-HUITIÈME LEÇON.

FAMILLES A PORTER AU TABLEAU.

117. *Arme, armée, armement, armer, armure, armurier, désarmement, désarmer.*

REVUE GRAMMATICALE ET LITTÉRAIRE.

simples de ce verbe. Craignant de ne pas bien orthographier les autres personnes de ces temps, il désire en avoir la conjugaison entière.

Réponse. Suivant l'orthographe nouvelle et nos meilleurs auteurs, dites et écrivez :

1° Au présent de l'indicatif : *Je m'assieds, tu t'assieds, il s'assied, nous nous asseyons, vous vous asseyez, ils s'asseient.*

2° A l'imparfait : *Je m'asseyais, tu t'asseyais, il s'asseyait, nous nous asseyions, vous vous asseyiez, ils s'asseyaient.*

118. *Arpent, arpentage, arpenter, arpenteur.*

119. *Art, artifice, artificiel, artificielle, artificiellement, artificier, artificieux, artificieuse, artificieusement, artisan, artiste, artistement.*

120. *Artilleur, artillerie.*

Dictée. Le fusil est une arme offensive et défensive. Il faut faire la revue de l'armée. On appelle armement un appareil de guerre. Nous allons armer, lever des troupes pour la défense de la patrie menacée. Le casque est une armure fort pesante. L'armurier fabrique des armes. Puisque le désarmement est ordonné, il faut désarmer. L'arpent est une mesure de terre contenant cent perches carrées. L'arpenteur vient d'arpenter mon champ, et me demande vingt-cinq francs pour l'arpentage. Cet ouvrier est habile dans son art. L'humilité n'est souvent que l'artifice de l'orgueil. Voilà un teint artificiel, une beauté artificielle. Ce corps ne se meut qu'artificiellement. L'artificier fait des feux d'artifice. Voici l'homme le plus artificieux du monde. J'abhorre la femme artificieuse. L'artisan est un homme de métier. Le peintre dont je vous parle, est un célèbre artiste. J'ai un verre artistement taillé. L'artilleur est un soldat qui sert dans l'artillerie.

REVUE GRAMMATICALE ET LITTÉRAIRE.

3° Au passé défini : *Je m'assis, tu t'assis, il s'assit, nous nous assîmes, vous vous assîtes, ils s'assirent.*

4° Au futur : *Je m'assieierai, tu t'assieieras, il s'assieiera, nous nous assieierons, vous vous assieierez, ils s'assieieront.* On dit aussi : *je m'assiérai, tu t'assiéras, il s'assiéra, nous nous assiérons, vous vous assiérez, ils s'assiéront.*

5° Au conditionnel présent : *Je m'assieierais, tu t'assieierais, il s'assieierait, nous nous assieierions, vous vous assieieriez, ils s'assieieraient.* On dit aussi : *je m'assiérais, tu t'assiérais, il s'assiérait, nous nous assiérions, vous vous assiériez, ils s'assiéraient.*

6° A l'impératif : *Assieds-toi, asseyons-nous, asseyez-vous*

VINGT - NEUVIÈME LEÇON.

FAMILLES A PORTER AU TABLEAU.

121. *Assassin, assassinat, assassiner.*

122. *Attache, attachement, attacher, détacher, détachement, rattacher.*

123. *Attaque, attaquer, attaquable, inattaquable.*

124. *Atteindre, atteinte, ratteindre.*

125. *Attelle, atteler, attelage, dételer, réatteler.*

DICTÉE. L'assassin a été arrêté et conduit en prison. L'assassinat est puni de la peine de mort. On vient d'assassiner un homme dans la forêt voisine du hameau. Je vais mettre mon chien à l'attache. Mon ouvrier a un grand attachement à l'ouvrage. Il ne faut pas trop s'attacher à la fortune. Ta jarretière commence à se détacher. Je commande un détachement de mille hommes. J'éprouve le besoin de me rattacher à l'étude. L'ennemi prit la fuite à la première attaque. Il ne convient pas d'attaquer quelqu'un sur sa naissance. La place n'est attaquable que d'un côté. N'attaquez pas ce poste ; il est

---

REVUE GRAMMATICALE ET LITTÉRAIRE.

7° Au présent du subjonctif : *Que je m'asseie, que tu t'asseies, qu'il s'asseie, que nous nous asseyions, que vous vous asseyiez, qu'ils s'asseient.*

8° A l'imparfait : *Que je m'assisse, que tu t'assisses, qu'il s'assît, que nous nous assissions, que vous vous assissiez, qu'ils s'assissent.*

9° Au présent de l'infinitif : *S'asseoir.*

10° Au participe présent : *S'asseyant.*

69. **A, ou, entre deux adjectifs de nombre.** — 1° Entre deux adjectifs de nombre qui se suivent numériquement, comme sept, huit, neuf, etc., on met tantôt la préposition *à,* tantôt la conjonction *ou.*

inattaquable. Cet auteur se flatte d'atteindre **Corneille**.
Gardez-vous de porter atteinte à la réputation d'autrui.
Je veux ratteindre, rejoindre mon ami **Paul**, qui est
parti avant moi. On nomme attelle la partie du collier
des chevaux à laquelle sont attachés les traits. Il faut
atteler la jument qui est dans l'écurie. Je vais dételer
mon attelage pour le réatteler ou l'atteler de nouveau.

TRENTIÈME LEÇON.

FAMILLES A PORTER AU TABLEAU.

126. *Augment, augmenter, augmentation*.

127. *Autel, maître-autel*.

128. *Avant, avance, avancer, avancement, devant,
devancer, devancier, devancière, dorénavant, auparavant*.

129. *Avantage, avantager, avantageux, avantageuse, avantageusement, désavantage, désavantageux,
désavantageuse, désavantageusement*.

Dictée. On appelle augment de dot ce que la loi permet de donner à la femme sur les biens du mari. J'ai fait
une augmentation considérable à ma maison. Le prix du

REVUE GRAMMATICALE ET LITTÉRAIRE.

On met la préposition *à*, si le substantif suivant représente des êtres susceptibles de division. Ainsi l'on dira
avec Buffon : *Les chevaux de Perse font aisément sept à
huit lieues sans s'arrêter*.

On met la conjonction *ou*, si le substantif représente des
êtres non susceptibles de division. On dira donc avec le
même auteur : *La tigresse produit, comme la lionne, quatre
ou cinq petits*.

Remarque. L'être représenté par le substantif dont il
s'agit, est susceptible de division quand on peut, par la
pensée, mettre devant ce substantif *la moitié, le quart*, etc.
C'est ainsi que je reconnais immédiatement qu'une lieue

blé commence à augmenter. Le maître-autel est l'autel principal d'une église. Je pars avant vous. Tu me feras une avance de mille écus. Il faut avancer ton travail. On voit un grand avancement dans cet écolier. Regarde devant toi. Je veux vous devancer à la course. Voilà une histoire que je tiens de mon devancier. Cette abbesse imite sa devancière. Dorénavant je serai plus exact à remplir mes devoirs. Si vous voulez vous en aller, il faut auparavant régler votre compte. Tu tires avantage de tout. Mon père a l'intention de m'avantager. Vous avez un poste avantageux, une place avantageuse. J'ai parlé avantageusement de vous. L'affaire tournera à votre désavantage. Tu as fait un mariage désavantageux. Ton frère parle désavantageusement de tout le monde.

TRENTE-UNIÈME LEÇON.

FAMILLES A PORTER AU TABLEAU.

130. *Babil, babillage, babiller, babillard, babillarde.*

131. *Bacchus, bacchante, bacchanal, bacchanales.*

132. *Bâcler, bâclage, débâclage, débâcler, débâclement, débâcleur.*

REVUE GRAMMATICALE ET LITTÉRAIRE.

est susceptible de division, puisqu'on dit : *La moitié, le quart d'une lieue*, et que le petit d'un animal ne l'est pas ; car on ne saurait dire : *La moitié, le quart d'un petit.*

2° Entre deux adjectifs de nombre qui ne se suivent pas numériquement, comme *douze, quinze, vingt*, etc., on emploie la préposition *à* : *Vingt à trente personnes, quinze à vingt mille francs, un homme de quarante à cinquante ans.* (Académie.)

Cependant, pour la douceur de la prononciation, il faut préférer la conjonction *ou*, si le premier adjectif de nombre est précédé de la préposition *à*, ou de la locution prépositive *jusqu'à*. Ainsi l'on dira avec Buffon :

133. *Badigeon, badigeonnage, badigeonner, badigeonneur.*

134. *Badin, badine, badinage, badiner, badinerie.*

Dictée. On appelle babil une abondance excessive de paroles inutiles. Je ne veux plus entendre votre sot babillage. Ton frère est un grand babillard, et ta sœur est encore plus babillarde. Je vais vous laisser babiller à votre aise. Bacchus était le dieu du vin. Bacchante se dit d'une femme emportée et furieuse. Bacchanal signifie vacarme, grand bruit. Bacchanales est le nom des fêtes qu'on célébrait en l'honneur de Bacchus. Ce n'est pas faire l'ouvrage que d'aller trop vite; c'est bâcler la besogne. Voilà un bâclage qui me coûte fort cher. Nous avons été présents au débâclage. Débâcler est un mot populaire. Beaucoup de bateaux ont péri par le débâclement de la rivière. Le débâcleur fait débâcler le port. Le badigeon est une couleur jaunâtre, dont on peint les murailles. Je vous donne vingt francs pour le badigeonnage. Ce jeune badigeonneur se distingue dans l'art de badigeonner. Voici un enfant badin, une fille badine, qui n'aiment qu'à badiner. Cette affaire n'est qu'un badinage, une pure badinerie.

REVUE GRAMMATICALE ET LITTÉRAIRE.

Les enfants commencent à bégayer à douze ou quinze mois.

La durée de la vie du sanglier peut s'étendre jusqu'à vingt-cinq ou trente ans.

L'auteur eût péché contre l'euphonie s'il eût dit :

Les enfants commencent à bégayer à douze à quinze mois.

La durée de la vie du sanglier peut s'étendre jusqu'à vingt-cinq à trente ans.

70. **Allai, fus.** — Ne dites pas : *Je fus le voir, je fus le trouver,* etc.; car vous ne diriez pas au présent : *Je suis le voir, je suis le trouver.* Dites : *J'allai le voir, j'allai le trouver.* (Tous les grammairiens.)

TRENTE-DEUXIÈME LEÇON.

FAMILLES A PORTER AU TABLEAU.

135. *Bain, baigner, baigneur, baigneuse, baignoir, baignoire, bain-marie.*

136. *Balai, balayer, balayage, balayeur, balayeuse, balayures.*

137. *Balance, balancement, balancer, balancier, balançoire, contre-balancer.*

DICTÉE. Je vous prie de mettre de l'eau dans le bain. Tu vas te baigner dans la rivière. Je viens de voir un baigneur et une baigneuse. Il ne faut pas confondre baignoir avec baignoire; le premier se dit de l'endroit d'une rivière où l'on peut se baigner, et le second, d'un vaisseau dans lequel on prend un bain. On appelle bain-marie l'eau chaude dans laquelle est un vase contenant ce qu'on veut faire cuire. Donnez-moi un balai de plumes. Il faut balayer ma chambre. Le balayage se fera dans une heure. Ce balayeur et cette balayeuse balaient très-mal. Vous enlèverez soigneusement toutes les balayures.

REVUE GRAMMATICALE ET LITTÉRAIRE.

71. **Invectiver.** — Ce verbe, qui est neutre de sa nature, ne peut jamais être pris activement, et veut toujours la préposition *contre* devant son complément : *Invectiver contre quelqu'un, invectiver contre le vice.* (Académie.)

Ainsi ne dites pas avec le vulgaire : *Il m'a invectivé, il l'invectiva, ils nous invectivèrent,* etc.

Dites : *Il a invectivé contre moi, il invectiva contre toi, ils invectivèrent contre nous.*

72. **Demander.** — Ne croyez pas que ce verbe exige toujours la préposition *à* devant un infinitif ; car, dans ce cas, il veut souvent la préposition *de*.

1° Il veut *à*, lorsqu'il signifie *désirer,* ce que je recon-

La balance est composée de deux bassins de même poids suspendus à un fléau. Il ne faut pas vous balancer en marchant. Ton cousin est balancier ; il fait et vend des balances. On nomme balançoire une planche ou une corde sur laquelle on peut se balancer. Les raisons que vous alléguez, ne peuvent contre-balancer les miennes.

TRENTE - TROISIÈME LEÇON.

FAMILLES A PORTER AU TABLEAU.

138. *Balle, déballer, déballage, emballage, emballer, emballeur, désemballer, désemballage.*

139. *Banc, banque, banquet, banquette, banquier, banqueroute, banqueroutier, débanquer.*

140. *Bande, bander, bandage, bandeau, bandoulière, bandit, débander, débandade, contrebande, contrebandier, contrebandière, plate-bande.*

Dictée. Je viens de recevoir une balle de livres. On commence à déballer mes meubles. Le déballage sera bientôt achevé. Voilà des marchandises que vous allez immédiatement emballer. Je travaille à l'emballage.

REVUE GRAMMATICALE ET LITTÉRAIRE.

nais quand l'action exprimée par les deux verbes est faite par la même personne : *Il demande à entrer, à parler, à être admis dans l'ordre du Saint-Esprit.* (Académie.)

2° Il veut *de*, lorsqu'il signifie *prier quelqu'un de faire quelque chose,* ce que je reconnais lorsque l'action exprimée par les deux verbes n'est pas faite par la même personne : *Combien de fois demanda-t-il au Ciel d'approcher sa fille du trône !* (Fléchier.)

73. **Becfi.** — Ce mot, qu'on emploie souvent pour désigner un petit oiseau qui se nourrit ordinairement de figues, ne se trouve dans aucun dictionnaire ; il n'est donc pas français. Dites et écrivez indifféremment :

L'emballeur ne tardera pas à venir. Vous avez vu désemballer des hardes. Nous assisterons demain au désemballage. J'aime à respirer l'air sur un banc de gazon. Tu vas prendre de l'argent à la banque. Nous avons assisté à un banquet somptueux. Votre banquette n'est pas assez haute. J'irai demain chez mon banquier. On appelle banqueroutier un négociant qui a fait banqueroute. Débanquer signifie gagner tout l'argent qu'un banquier a devant lui. Je veux une bande de velours. Il faut bander la plaie, et demain vous ôterez le bandage. Tu as un bandeau sur les yeux. Je prends ma bandoulière. Voilà un bandit qu'on vient d'arrêter. Je vais débander mon arc. Tout est à la débandade. Le contrebandier et la contrebandière font le métier de la contrebande. Cette plate-bande n'est pas assez large.

TRENTE-QUATRIÈME LEÇON.

FAMILLES A PORTER AU TABLEAU.

141. *Baptême, baptiser, baptismal, baptistère, débaptiser, fonts baptismaux.*

142. *Barque, barquette, barquerolle, débarquer, dé-*

REVUE GRAMMATICALE ET LITTÉRAIRE.

1° Avec l'Académie : *Un becfigue, des becfigues ;*

2° Avec Larousse, Noël et Chapsal, etc. : *Un bec-figues, des bec-figues.*

74. **Courterolle.** — La plupart appellent ainsi une espèce d'insecte qui se forme dans le fumier, vit sous terre, et fait beaucoup de dégât dans les jardins. C'est une erreur ; car ce mot est un barbarisme. Dites : *Courtilière.* (Académie.)

75. **Courir après.** — Tous les jours on entend dire : *Il me court après, il te court après, il lui a couru après, il nous a couru après,* etc. Ces phrases et toutes les autres semblables ne sont point françaises, parce que *courir*

barquement, débarcadère, embarquer, embarquement, embarcadère, désembarquer, désembarquement, rembarquer, rembarquement.

143. Barre, barrer, barreau, barricade, barricader, débarrer, embarras, embarrasser, rembarrer.

DICTÉE. Le baptême est un sacrement qui efface le péché originel. Je vais baptiser un enfant, lui donner l'eau baptismale. J'ai mon baptistère. Tu te ferais plutôt débaptiser que de consentir à cela. Je me ferai rebaptiser. Entrons dans cette église pour voir les fonts baptismaux. Voilà une barque, une barquette et une barquerolle. Nous allons débarquer, et, après le débarquement, nous nous rendrons au débarcadère. L'embarquement est l'action d'embarquer. Je viens de l'embarcadère. Il faut désembarquer, faire le désembarquement. Je te parlerai après le rembarquement. Voici des voyageurs qui vont se rembarquer. J'ai besoin d'une barre pour barrer ce passage. Tu passeras au travers des barreaux. La barricade fut bientôt enlevée. Tu juges à propos de barricader ta porte; pour moi, j'ai l'intention de débarrer la mienne. Je suis dans un grand embarras. Le domestique

---

REVUE GRAMMATICALE ET LITTÉRAIRE.

après veut toujours être suivi de son complément. Pour les rendre correctes, dites : *Il court après moi, il court après toi, il a couru après lui, il a couru après nous.* (Tous les dictionnaires.)

76. **Aiguiser, aiguiseur, aiguisement.** — L'u sonne dans ces trois mots. Prononcez donc comme si vous écriviez : *Ai-gu-i-ser, ai-gu-i-seur, ai-gu-i-sement.* (Académie.)

77. **A aujourd'hui, à ce jour.** — Ces deux manières de parler sont françaises ; mais la dernière est préférable à la première. En effet, la préposition à devant la syllabe *au*, dans *à aujourd'hui*, produit un hiatus fort désa-

va débarrasser le chemin. Rembarrer signifie reprendre vivement quelqu'un, le remettre à sa place.

TRENTE - CINQUIÈME LEÇON.

FAMILLES A PORTER AU TABLEAU.

144. *Bas, basse, bassement, bassesse, contre-basse, basse-contre, basse-cour, basse-taille,*

145. *Bât, bâter, débâter, embâter.*

146. *Battre, battage, battement, batterie, battoir, batteur, abattre, abattement, combattre, débat, débattre, s'ébattre, rabat, rabattre, rebattre.*

Dictée. Mon siège est trop bas, et votre chaise, trop basse. Cet orateur s'exprime bassement ; il y a aussi de la bassesse dans ses actions. La contre-basse est une grosse basse de violon, sur laquelle on joue ordinairement la partie de la basse. On appelle basse-contre la voix de basse la plus grande. Votre basse-cour est bien fournie de volailles. Basse-taille se dit de la partie de basse qui se chante on se joue sur l'instrument. Le bât est une selle pour les bêtes de somme. Je vais bâter mon

---

REVUE GRAMMATICALE ET LITTÉRAIRE.

gréable. Ainsi l'on dira bien : *On a remis cette affaire à aujourd'hui;* mais on dira mieux : *On a remis cette affaire à ce jour.*

78. **Se rappeler.** — Ce verbe veut la préposition *de* seulement devant un verbe au passé de l'infinitif : *Je me rappelle d'avoir vu, d'avoir fait cela.* (Académie.) Partout ailleurs il rejette cette préposition et le pronom *en* qui la renferme. Ainsi ne dites pas :

J'ai étudié ma leçon, et je m'en rappelle.
Tu as reçu un bienfait, et tu t'en rappelles.
Il se rappelle de mes soins pour lui.

mulet. Il faut débâter ton âne. Cet ouvrier est fort adroit
à embâter les chevaux. J'ai vu battre ton frère. Le
battage du blé est achevé. J'ai un battement de cœur.
Mets le canon en batterie. Le batteur de pavé n'a d'autre occupation que de se promener dans les rues. Donne-
moi un battoir de lessive. Ne viens pas abattre mon courage. Paul est dans un grand abattement. Nous allons
combattre à cheval. Il s'élève un débat dans la salle voisine. Je vois Alexandre se débattre comme un possédé.
Allez vous débattre dans la cour. J'ai mon rabat. Il faut
rabattre quelque chose. Tu veux rebattre ton blé.

TRENTE-SIXIÈME LEÇON.

FAMILLES A PORTER AU TABLEAU.

147. *Bête, bêtement, bêtise, bétail, bestiaux, hébéter.*
148. *Bible, bibliothèque, bibliotécaire, sous-bibliothécaire.*
149 *Blanc, blanche, blanchâtre, blancheur, blanchir,
blanchissage, blanchisserie, blanchisseuse, reblanchir.*
150. *Boire, boisson, buvable, breuvage, buvette, buveur, biberon, déboire, pour-boire.*

REVUE GRAMMATICALE ET LITTÉRAIRE.

Ces phrases et toutes les autres semblables sont fautives. Pour les rendre correctes, il faut dire :
J'ai étudié ma leçon, et je me la rappelle.
Tu as reçu un bienfait, et tu te le rappelles.
Il se rappelle mes soins pour lui.
79. **Tâcher moyen.** — Cette manière de parler,
quelque répandue qu'elle soit, est doublement fautive :
tâcher, comme verbe neutre, ne saurait avoir pour complément direct le substantif *moyen*, qui, à son tour, n'a-
joute rien à la pensée qu'on veut exprimer. Ainsi ne dites
pas : *Tâchez moyen de venir me voir.* Dites simplement :
Tâchez de venir me voir. (Toutes les grammaires.)

Dictée. L'âne est une bête de somme. Tu parles et agis bêtement. J'ai perdu tout mon bétail. La bêtise est un défaut d'intelligence. Mes bestiaux sont à la foire. Le propre de l'ivrognerie est d'hébéter celui qui contracte ce vice honteux. Je lis un texte de la Bible. La bibliothèque publique est ouverte; le bibliothécaire vient d'y entrer avec le sous-bibliothécaire. Cette couleur tire sur le blanc. Vous avez une belle robe blanche. Voilà une liqueur blanchâtre. La blancheur de la neige m'éblouit. Je fais blanchir mes toiles à la rosée. Tu vas payer ton blanchissage. On appelle blanchisserie le lieu où l'on blanchit des toiles. Je donne du linge à la blanchisseuse. Reblanchir signifie blanchir de nouveau. Donne-moi à boire. La limonade est une boisson rafraîchissante. Ce vin est buvable. L'orangeade est un breuvage agréable. Le buveur se plaît à la buvette. Bois avec ton biberon. Le plaisir a son déboire. Voilà un pour-boire.

REVUE GRAMMATICALE ET LITTÉRAIRE.

80. **Sortir, venir.** — Sortir ne veut pas pour complément un verbe à l'infinitif. Par conséquent il ne faut pas dire : *Je sors de déjeuner, tu sors de dîner, il sort de goûter, nous sortons de souper.* Dites : *Je viens de déjeuner, tu viens de dîner, il vient de goûter, nous venons de souper.* (Tous les dictionnaires.)

81. **Châtagne, châtaigne.** — *Châtagne* n'est pas français. Dites et écrivez : *Châtaigne*, en prononçant : *Cha-tei-gne.* (Académie.)

82. **Ne....que, seulement.** — Un abonné désire savoir si la phrase suivante est française : *Pour obtenir cette place, vous n'avez seulement qu'à vous présenter.*

TRENTE-SEPTIÈME LEÇON.

FAMILLES A PORTER AU TABLEAU.

151. *Bois, boisage, boiser, boiserie, déboiser, haut-bois, perce-bois, garde-bois.*

152. *Boîte, boîtier, déboîter, emboîter, emboîtement, remboîter, remboîtement.*

153. *Bon, bonne, bonnement, bonté, débonnaire, bon-bon, bonbonnière, bonhomme, bonhomie, bonjour, bon-soir, bonne-aventure, bon-chrétien, embonpoint.*

Dictée. J'ai du bois de chêne. On appelle boisage tout le bois dont on s'est servi pour boiser. Admire cette belle boiserie. Il faut déboiser ce terrain. Je joue du haut-bois. Le perce-bois est un insecte qui perce le bois. Le garde-bois empêche de gâter, de voler le bois. Ouvre cette boîte. Les chirurgiens appellent boîtier une espèce de boîte contenant plusieurs sortes d'onguents. Déboîter si-gnifie disloquer, comme emboîter signifie enchâsser une chose dans une autre. Je te parle de l'emboîtement des os. Remboîtement se dit de l'action de remboîter. Dieu

---

REVUE GRAMMATICALE ET LITTÉRAIRE.

Réponse. Cette phrase renferme un pléonasme vicieux. En effet, *ne.....que* signifie *seulement,* et rend *seul* l'idée tout entière. *Seulement* est donc inutile ; il faut le suppri-mer et dire : *Pour obtenir cette place, vous n'avez qu'à vous présenter.* (Le bon goût.)

83. **Embêter, s'embêter.** — Voilà deux verbes qui ne sont pas français ; on ne les trouve dans aucun dic-tionnaire. Ainsi ne dites pas : *Tu m'embêtes, il m'embête, cela m'embête,* etc.; ni : *Je m'embête, tu t'embêtes, il s'em-bête,* etc. Dites : *Tu m'ennuies, il m'ennuie, cela m'ennuie; je m'ennuie, tu t'ennuies, il s'ennuie.* (Tous les dictionnai-res.)

est infiniment bon. Voilà de bonne bière. Tu agis bonnement, naïvement. Ayez la bonté de m'écrire. Cet
homme est débonnaire, doux, bon avec faiblesse Il n'y
a qu'un bonbon dans ma bonbonnière. Ce bonhomme
est d'une bonhomie extraordinaire. Bonjour, madame.
Bonsoir, monsieur. Bonne-aventure se dit d'une vaine
prédiction. Le bon-chrétien est une espèce de grosse
poire. César a beaucoup perdu de son embonpoint.

TRENTE-HUITIÈME LEÇON.

FAMILLES A PORTER AU TABLEAU.

154. *Bord, bordage, border, bordure, abord, abordable, abordage, aborder, débordement, déborder, inabordable, rebord, reborder, babord, tribord. haut-bord.*
155. *Bourse, boursier, boursière, boursiller, débourser, embourser, remboursable, remboursement, rembourser.*

Dictée. Tu es sur le bord du précipice. Le bordage
n'est pas encore fait. Je veux border mon chapeau

REVUE GRAMMATICALE ET LITTÉRAIRE.

84. **Les miennes, les tiennes, les siennes,
les nôtres, les vôtres, les leurs.** — On emploie
souvent d'une manière bien fautive les pronoms posses-
sifs *les miennes, les tiennes, les siennes, les nôtres, les
vôtres, les leurs.* Par exemple, on dit : *J'ai bien les miennes; tu as bien les tiennes, chacun a bien les siennes, nous
avons bien les nôtres, vous avez bien les vôtres, ils ont bien
les leurs.* Pour rendre ces phrases claires et correctes, il faut,
en supprimant les pronoms, énoncer le substantif *peines,*
et dire : *J'ai bien des peines, tu as bien des peines, chacun
a bien des peines, nous avons bien des peines, vous avez
bien des peines, ils ont bien des peines.* (Toutes les gramm.)

d'un galon d'or. J'admire la bordure de cette tapisserie. Cet homme a l'abord gracieux. Cette côte n'est pas abordable à cause des écueils. Nous allons à l'abordage. Aborder signifie aller à bord. Le débordement du Nil fertilise les terres voisines. La rivière commence à déborder. Votre frère est inabordable. Rebord se dit d'un bord élevé et ajouté. On dit reborder pour border de nouveau. Tribord est l'opposé de babord. Nous construisons un haut-bord. Ma bourse est vide. Le boursier et la boursière font des bourses. Nous n'avons pas assez d'argent ; il faut encore boursiller, débourser. Je viens d'embourser cent francs. Cette rente est remboursable. Le remboursement n'a pas encore eu lieu. Nous devons bientôt rembourser la somme que nous avons empruntée.

TRENTE-NEUVIÈME LEÇON.

FAMILLES A PORTER AU TABLEAU.

156. *Bras, brasser, brasserie, brasseur, brassières, embrassement, embrasser.*

157. *Bris, brise, brisement, briser, brise-cou, brise-raison, brise-tout, brise-vent, débris.*

REVUE GRAMMATICALE ET LITTÉRAIRE.

---

85. **S'enorgueillir.** — Ecrivez : *S'enorgueillir*, en prononçant : *S'en norgueillir*, et non : *S'é-norgueillir.* (Tous les dictionnaires.)

86. **Engueuser, engueuseur, engueuseuse.** — Ces trois mots ne sont pas français. Dites : *Tromper, trompeur, trompeuse.* (Tous les dictionnaires.)

87. **Retrancher à, de.** — *Retrancher* veut devant son régime tantôt la préposition *à*, tantôt la préposition *de*.

1° Il veut *à*, quand il signifie ôter entièrement, supprimer, interdire :

On lui a retranché sa pension. (Académie.)
Les médecins lui ont retranché le vin. (Id.)

158. *Brut, brute. brutal, brutalement, brutaliser, brutalité, abrutir, abrutissement.*

DICTÉE. J'ai le bras en écharpe. Il faut bien brasser tout cela. On appelle brasserie. le lieu où l'on brasse la bière. Le brasseur est à la brasserie. Les brassières servent à tenir le corps en état. Notre contestation s'est terminée par un embrassement. Ce génie est capable d'embrasser toutes sortes de sciences. Bris signifie fracture. Il fait une légère brise. Le brisement des flots fait beaucoup de bruit. Briser signifie mettre en pièces. Cet escalier est un vrai brise-cou. Le brise-raison parle sans suite et hors de propos. On appelle brise-tout celui qui brise tout ce qui lui tombe sous la main. Le brise-vent est une clôture faite pour arrêter le vent. Il me reste encore des biens du débris de ma fortune. Voilà du sucre brut. L'ivrogne tient moins de l'homme que de la brute. Je vous parle d'un homme brutal. N'agissez pas brutalement. Il ne faut brutaliser personne. Votre brutalité vous fait beaucoup d'ennemis. Le vin pris avec excès abrutit les hommes. Cet ouvrier est tombé dans un grand abrutissement.

REVUE GRAMMATICALE ET LITTÉRAIRE.

2° Dans le sens d'ôter quelque chose d'un tout, il veut *de* :

Il a retranché de ses dépenses pour payer ses dettes. (Académie.)

On lui a retranché de ses appointements. (Id.)

88. Sardagne, Sardaigne. — *Sardagne* n'est pas français. Dites et écrivez : *Sardaigne,* en prononçant : *Sardei-gne.* (Tous les géographes.)

89. Absenter, s'absenter. — *Absenter* n'est pas français ; il faut le remplacer par *s'absenter,* verbe essentiellement pronominal, qui doit toujours se conjuguer avec l'un des pronoms *me, te, se, nous, vous.* N'imitez donc pas

QUARANTIÈME LEÇON.

FAMILLES A PORTER AU TABLEAU.

159. *Cabale, cabaler, cabaleur, cabaliste, cabalistique.*

160. *Cache, cacher, cachet, cachette, cacheter, cachot, cache-cache, cache-nez, décacheter, recacheter.*

161. *Caisse, caissier, caisson, décaisser, encaisser, encaissement, rencaisser.*

162. *Calcul, calculer, calculable, calculateur, calculatrice, incalculable.*

DICTÉE. J'ai découvert toute la cabale. Il faut cabaler pour réussir. Le cabaleur est celui qui cabale. Ce cabaliste est fort dans la science cabalistique. J'ai trouvé ta cache. Je vais me cacher derrière le rideau. La cachette est une petite cache. Tu auras soin de bien cacheter ta lettre. J'étais dans un noir cachot. J'aime à jouer à cache-cache. Le cache-nez est une cravate qui garantit du froid la partie inférieure du visage. Il faut décacheter cette lettre-ci et recacheter cette lettre-là. J'ai reçu une

---

REVUE GRAMMATICALE ET LITTÉRAIRE.

ceux qui disent : *J'ai souvent absenté, tu as quelquefois absenté, il a absenté un jour, nous avons absenté une semaine, ils ont absenté un mois,* etc. Dites : *Je me suis souvent absenté, tu t'es quelquefois absenté, il s'est absenté un jour, nous nous sommes absentés une semaine, ils se sont absentés un mois.* (Tous les dictionnaires.)

90. **Recoupe, reprin.** — *Reprin,* qu'on emploie souvent pour désigner la farine tirée du son remis au moulin, n'est pas français. La véritable expression est *recoupe,* substantif féminin. (Tous les dictionnaires.)

Remarque. Bien des personnes disent dans le même

caisse de sucre. Mon caissier est absent. Ton livre est dans le caisson de la voiture. Vous allez décaisser les marchandises. Cet encaissement n'est pas assez solide. Encaisser signifie mettre de l'argent en caisse. Tu oublies de rencaisser tes oranges. Je me trompe dans mon calcul. Je viens de calculer ce que je dois payer demain. Le féminin de calculateur est calculatrice. Le nombre des étoiles n'est pas calculable. Mes maux sont incalculables.

QUARANTE-UNIÈME LEÇON.

FAMILLES A PORTER AU TABLEAU.

163. *Camp, camper, campement, campagne, campagnard, campagnarde, décampement, décamper.*

164. *Canon, canonnade, canonner, canonnier, canonnière.*

165. *Capable, capacité, incapable, incapacité.*

166. *Carte, cartier, carton, cartonnage, cartonner, cartonneur, cartonnier.*

DICTÉE. Je vais au camp, Nous allons camper au pied

---

sens : *Reson*, en prononçant : *Resson ;* mais ce mot n'est pas plus français que *reprin*.

91. **Promettre**. — N'employez jamais ce verbe dans le sens de *certifier*. Par exemple, ne dites pas : *Je vous promets qu'il est arrivé*. Dites : *Je vous certifie qu'il est arrivé*. (Tous les dictionnaires.)

92. **Distinguer et, de, d'avec.** — *Distinguer* prend indifféremment *et*, *de*, *d'avec*, entre deux compléments. Ainsi l'on dit avec l'Académie :

Distinguer le bien et le mal.

C'est la raison qui distingue l'homme des animaux.

Distinguer l'ami d'avec le flatteur.

de la montagne. Le campement est commencé. J'aime à respirer l'air pur de la campagne. Voilà un campagnard et une campagnarde. Le décampement s'est fait avec une grande précipitation. Il fallut bientôt décamper J'entends le bruit du canon. La canonnade commença de part et d'autre à deux heures précises. Vous allez canonner la place qui ne veut pas se rendre. J'ai vu un canonnier dans une canonnière. La personne dont je vous parle, est capable de vous nuire. Cet ouvrier manque de capacité. Ce prince est incapable de régner. L'incapacité est un défaut de capacité. Prenez votre carte. Le cartier fait et vend des cartes. Mon livre est relié avec du carton. Le cartonnier fait du carton. Je connais le cartonnage Le cartonneur est un ouvrier qui cartonne les livres.

QUARANTE-DEUXIÈME LEÇON.

FAMILLES A PORTER AU TABLEAU.

167. *Catarrhe, catarrhale, catarrheux, catarrheuse.*
168. *Catholique, catholiquement, catholicisme, catholicité.*

REVUE GRAMMATICALE ET LITTÉRAIRE.

---

93. **Levée, plie, main.** — *Plie* et *main* ne se disent point d'une carte prise au jeu par une carte supérieure. La véritable expression est *levée*, substantif féminin. Ainsi ne dites plus. *J'ai six plies, six mains*, etc. Dites : *J'ai six levées.* (Académie.)

94. **Bûche, brin.** — Ne dites pas : *Une bûche de paille.* Dites : *Un brin de paille.* (Académie.)

95. **Pana, écouvillon.** — *Pana* est un barbarisme. N'employez donc plus ce mot pour désigner un vieux linge attaché à un long bâton, avec quoi on nettoie le four lorsqu'on veut enfourner le pain. Dites : *Ecouvillon.* (Acad.)

96. **Ebercher, s'ébercher; ébrécher, s'ébré-**

169. *Cavale, cavalerie, cavalier, cavalière, cavalièrement, cavalcade.*

170. *Certain, certaine, certainement, certitude, certifier, certificat, incertain, incertaine, incertitude.*

DICTÉE. — Le catarrhe est une fluxion qui affecte quelques parties du corps. On appelle fièvre catarrhale une fluxion accompagnée de la fièvre. Cet homme est catarrheux ; sa femme est pareillement catarrheuse. Nous devons conserver la foi catholique. Cet auteur écrit très-catholiquement. Je vais vous dire quelques mots sur le catholicisme. Catholicité se dit de la doctrine de l'Eglise catholique. La cavale est la femelle du cheval. La cavalerie française remporta la victoire. Cette personne a l'air cavalier, une mine cavalière. Ne parlez jamais cavalièrement, d'une manière brusque, hautaine, sans égard. Nous allons faire une cavalcade, c'est-à-dire, une marche à cheval, avec ordre, pompe et cérémonie. Cela est certain. La nouvelle que vous me donnez, est certaine. Certainement les hommes sont bien aveugles. Il n'y a nulle certitude dans les choses du monde. Vous ne pouvez certifier ce que vous dites. Tu as un très-bon certificat. Le temps est bien incertain. La faveur est une

---

REVUE GRAMMATICALE ET LITTÉRAIRE.

cher. — *Ebercher* et *s'ébercher* ne sont pas français. Ne dites donc pas : *Ebercher un couteau, un rasoir ; s'ébercher une dent.* Dites : *Ebrécher un couteau, un rasoir ; s'ébrécher une dent.* (Académie.)

97. **Alors.** — Prononcez : *Alor*, et non : *Alorce.* (Toutes les grammaires.)

98. **Mêler avec, dans, à, et.** — 1° *Mêler* veut *avec*, quand il signifie confondre, mélanger : *La Marne mêle ses eaux avec celles de la Seine.* (Académie.)

2° Il exige *dans*, lorsqu'il signifie compromettre : *Je vous prie de ne point me mêler dans vos discours, dans vos caquets.* (Académie.)

chose bien incertaine. Je suis dans l'incertitude du parti
que je dois prendre.

QUARANTE-TROISIÈME LEÇON.

FAMILLES A PORTER AU TABLEAU.

171. *Chaîne, chaînette, chaînon, déchaîner, déchaî-
nement, enchaîner, enchaînement.*
172. *Chaland, achalander.*
173. *Change, changer, changement, changeur,
échanger, rechange.*
174. *Chant, chanter, chanterelle, chanteur, chanteuse, chantre, chanson, chansonnette, chansonner.*

DICTÉE. Tu tiendras ton chien à la chaîne. J'ai perdu
la chaînette de ma montre. On appelle chaînon l'anneau d'une chaîne. On a ordonné de déchaîner les captifs.
Ce méchant homme est dans un perpétuel déchaîne-
ment contre moi. Enchaîner signifie lier et attacher avec
une chaîne. J'admire l'enchaînement de vos idées. Chaland se dit de celui qui achète ordinairement chez le
même marchand. La bonne marchandise et le bon mar-

REVUE GRAMMATICALE ET LITTÉRAIRE.

3° Dans le sens de joindre, unir, il prend indifféremment
à ou *et :*
Il sait mêler à propos la douceur à la sévérité. (Acad.)
*Cet auteur a mêlé l'agréable et l'utile dans tous ses ou-
vrages.* (Académie.)

99. **Cretonne.** — Puisqu'il faut écrire : *Cretonne*, ne
prononcez pas : *Crétonne.* (Académie.)

100. **Hutin.** — Ce mot n'est pas français. Dites : *Vigne haute.* (Académie.)

101. **Aix.** — X a le son de *ce* dans ce mot. Prononcez
donc : *Aice*, et non : *Aikce.* (Toutes les grammaires.)

ché achalandent une boutique. J'ai un billet de change dans ma poche. Je ne veux pas échanger ma vieille vaisselle pour de la neuve. Tout est sujet au changement. Cet homme paie comme un changeur. Il faut échanger ton champ contre ma vigne. Tu as deux habits de rechange. J'aime à entendre un chant d'allégresse. Nous avons entendu chanter la grand'messe. La chanterelle de mon violon s'est rompue. Chanteur fait au féminin chanteuse. Le chantre se fera bientôt entendre. Voici une chanson nouvelle. On appelle chansonnette une petite chanson. Chansonner signifie faire des chansons contre quelqu'un.

QUARANTE-QUATRIÈME LEÇON.

FAMILLES A PORTER AU TABLEAU.

175. *Char, chariot, charretier, charrette, charriage, charrier.*

176. *Chat, chatte, chaton, chat-huant.*

177. *Chaud, chaude, chaudement, chaudière, chauffage, chauffer, chaufferette, échaudé, échauffement, échauffer, réchauffer.*

REVUE GRAMMATICALE ET LITTÉRAIRE.

102. **Garnissaire**. — ce mot est un barbarisme. Dites et écrivez : *Garnisaire,* en prononçant : *Garnizaire.* (Tous les dictionnaires.)

103. **Déhonté, éhonté**. — *Déhonté* n'est pas français. Dites : *Ehonté.* (Tous les dictionnaires.)

104. **Dehors.**— Prononcez : *Dehors,* et non : *Déhors.* (Tous les dictionnaires.)

105. **Réchaud**. —Prononcez : *Réchaud,* et non : *Rechaud.* (Académie.)

106. **Frire**. — Un abonné désire avoir la conjugaison entière de ce verbe.

Réponse. La voici selon l'Académie :

5

Dictée. Mon char, en se tournant trop court, s'est brisé contre les bornes. Le chariot est une sorte de voiture à quatre roues, propre à porter diverses choses. Je vais charger ma charrette. Le charriage est l'action de charrier ; il est difficile en hiver. Le chat est un animal domestique. La chatte est la femelle du chat. On appelle chaton un petit chat. Le chat-huant mange les souris et les petits oiseaux. Le soleil est bien chaud aujourd'hui. Il faut en hiver se vêtir chaudement. On nomme chaudière bouillante une chaudière dans laquelle il y a une liqueur bouillante. J'ai trois cordes de bois pour mon chauffage. Tu vas chauffer le four. La chaufferette est une espèce de boîte doublée de fer-blanc et percée de plusieurs trous par le haut, dans laquelle on met du feu pour se tenir les pieds chauds. Veuillez me donner un échaudé au beurre. L'échauffement est l'action ou l'effet d'échauffer. Réchauffer signifie chauffer ce qui est refroidi.

REVUE GRAMMATICALE ET LITTÉRAIRE.

Présent de l'indicatif : *Je fris, tu fris, il frit, nous faisons frire, vous faites frire, ils font frire.*

Imparfait : *Je faisais frire, tu faisais frire, il faisait frire, nous faisions frire, vous faisiez frire, ils faisaient frire.*

Passé défini : *Je fis frire, tu fis frire, il fit frire, nous fîmes frire, vous fîtes frire, ils firent frire.*

Passé indéfini : *J'ai frit, tu as frit, il a frit, nous avons frit, vous avez frit, ils ont frit.*

Passé antérieur : *J'eus frit, tu eus frit, il eut frit, nous eûmes frit, vous eûtes frit, ils eurent frit.*

Plus-que-parfait : *J'avais frit, tu avais frit, il avait frit.*

QUARANTE-CINQIÈME LEÇON.

FAMILLES A PORTER AU TABLEAU.

178. *Chef, chef-lieu, chef-d'œuvre.*

179 *Cheval, chevalier, chevalerie, chevaleresque, chevaline, chevalet.*

180. *Chèvre, chevreau, chevrette, chevreuil, chevrier, chèvre-feuille, chèvre-pieds.*

181. *Christ, christianisme, chrétien, chrétienne, chrétiennement, chrétienté, antechrist, antichrétien, antichrétienne.*

182. *Cil, cillement, ciller.*

DICTÉE. Il faut respecter le chef de la maison. La ville que j'habite depuis dix ans, est un chef-lieu de province. L'ouvrage dont vous me parlez, est un vrai chef-d'œuvre. J'ai un beau cheval gris. Votre père était chevalier de Malte. Cette maison est d'ancienne chevalerie. Tu as montré une bravoure chevaleresque. Je te parle de la race chevaline. Le voleur a été condamné à être mis sur le chevalet. Cet enfant saute comme un chevreau. La

---

REVUE GRAMMATICALE ET LITTÉRAIRE.

nous avions frit, vous aviez frit, ils avaient frit.

Futur : *Je frirai, tu friras, il frira, nous frirons, vous frirez, ils friront.*

Futur antérieur : *J'aurai frit, tu auras frit, il aura frit, nous aurons frit, vous aurez frit, ils auront frit.*

Conditionnel présent : *Je frirais, tu frirais, il frirait, nous fririons, vous fririez, ils friraient.*

Conditionnel passé : *J'aurais frit, tu aurais frit, il aurait frit, nous aurions frit, vous auriez frit, ils auraient frit.*

On dit aussi : *J'eusse frit, tu eusses frit, il eût frit, nous eussions frit, vous eussiez frit, ils eussent frit.*

chevrette est la femelle du chevreuil. On appelle chevrier celui qui mène paître les chèvres. Le chèvre-feuille
est une sorte de plante qui porte des feuilles odoriférantes Cet homme est chèvre-pieds, a des pieds de chèvre.
Nous avons été rachetés par le sang du Christ. Obser-
vons scrupuleusement les lois du christianisme. Le peuple chrétien vit chrétiennement, d'une manière chrétienne. La chrétienté suit la religion de Jésus-Christ. Le
temps de la venue de l'antechrist est incertain. L'antichrétien mène une vie antichrétienne. On appelle cil le
poil des paupières. Ce jeune homme a un cillement
d'yeux continuel. On ne peut regarder le soleil sans ciller.

QUARANTE-SIXIÈME LEÇON.

FAMILLES A PORTER AU TABLEAU.

183. *Cinq, cinquante, cinquantaine, cinquième, cinquièmement*.

184. *Climat, acclimater, acclimatation*.

185. *Coffre, coffrer, coffret, coffretier, encoffrer, coffre-fort*.

REVUE GRAMMATICALE ET LITTÉRAIRE.

Impératif : *Fris, faisons frire, faites frire.*
Présent du subjonctif : *Que je fasse frire, que tu fasses
frire, qu'il fasse frire, que nous fassions frire, que vous
fassiez frire, qu'ils fassent frire.*
Imparfait : *Que je fisse frire, que tu fisses frire, qu'il fît
frire, que nous fissions frire, que vous fissiez frire, qu'ils
fissent frire.*
Passé : *Que j'aie frit, que tu aies frit, qu'il ait frit, que
nous ayons frit, que vous ayez frit, qu'ils aient frit.*
Plus-que-parfait : *Que j'eusse frit, que tu eusses frit,
qu'il eût frit, que nous eussions frit, que vous eussiez frit,
qu'ils eussent frit.*

186. *Col, collet, collerette, colleter, collier, décolleter, accolade, colportage, colporter, colporteur.*

DICTÉE. Ce livre coûte cinq francs. J'ai cinquante élèves dans ma classe. Quant au sucre dont tu me parles, j'en ai reçu une cinquantaine de livres. Je demeure au cinquième étage. Cinquièmement signifie en cinquième lieu. Nous avons besoin de changer de climat. L'acclimatation est l'action d'acclimater. Il faut du temps pour acclimater une plante étrangère. Les voleurs sont entrés chez moi ; mais il n'ont pu enfoncer mon coffre. Je ferai coffrer ce malfaiteur. J'ai un coffret garni d'argent. Le coffretier est un ouvrier qui fait des coffres. Au lieu d'encoffrer cet argent, tu vas le distribuer aux pauvres. J'ai une somme considérable dans mon coffre-fort. Le col de la chemise est trop large. Tu as saisi l'assassin au collet. J'aurai demain une collerette de batiste. Colleter signifie prendre quelqu'un au collet pour le jeter par terre. Voilà un collier de grand prix. Mon tailleur aura soin de ne pas trop décolleter mon habit. Tu recevras l'accolade fraternelle. Il faut interdire le colportage des mauvais livres. Cet homme gagne sa vie à colporter des marchandises. Le colportage est le métier du colporteur.

REVUE GRAMMATICALE ET LITTÉRAIRE.

Présent de l'infinitif : *Frire.*
Passé : *Avoir frit.*
Participe présent : *Faisant frire.*
Participe passé : *Frit, e.*

107. **Soir.** — Un abonné désire savoir s'il faut dire : *Hier soir*, ou : *Hier au soir.*

Réponse. L'Académie emploie indifféremment ces deux manières de parler. Vous pouvez donc l'imiter.

108. **Paillat, cupule.** — *Paillat* n'est pas français. N'employez donc plus ce mot pour désigner une petite

QUARANTE-SEPTIÈME LEÇON.

FAMILLES A PORTER AU TABLEAU.

187. *Conseil, conseiller, conseillère.*

188. *Content, contente, contentement, contenter, mécontent, mécontente, mécontentement, mécontenter.*

189. *Coq, coque, coquerico, coquetier, coq-à-l'âne, coq-d'Inde.*

190. *Côte, côté, côtelette, côtoyer, accoster.*

191. *Crac, craquer, craquement, craqueur, craqueuse, craquelin.*

DICTÉE. L'homme de bien se plaît à donner de bons conseils. Le désespoir est un mauvais conseiller, comme la passion est une conseillère dangereuse. Le riche n'est pas toujours content. Il y a bien du contentement à vivre en honnête homme. Cette femme n'est jamais contente. Il est bien difficile de contenter tout le monde. Je suis trop mécontent de mon domestique pour le garder à mon service. Le mécontentement est général. Le bon

---

REVUE GRAMMATICALE ET LITTÉRAIRE.

coupe qui enveloppe la base du gland de chêne. La véritable expression est *cupule,* substantif féminin. (Académie, Poitevin, etc.)

109. **Deux.** — L'*x* de ce mot n'a jamais le son de *ce.* Prononcez donc : *Deu,* et non : *Deuce.* (Tous les dictionnaires.)

110. **Coq-faisan, poule faisane.** — Un abonné désire savoir le nom du faisan mâle ou femelle.

Réponse. Dites : *Coq-faisan,* si vous parlez du mâle, et : *Poule faisane,* s'il s'agit de la femelle. (Académie.)

111. **Mouchillon, moucheron.** — *Mouchillon* n'est pas français. Dites : *Moucheron.* (Académie.)

écolier tient à ne jamais mécontenter son maître. Nous nous lèverons au premier chant du coq. Le poussin court au sortir de la coque Coquerico signifie chant du coq. On appelle coquetier un marchand qui vend des œufs en gros. Un discours qui n'a point de suite, se nomme coq-à-l'âne. Le coq-d'Inde est une espèce d'oiseau domestique plus gros que le coq. Dieu créa Eve d'une côte d'Adam. L'enfant aime à être à côté de sa mère. Tu vas manger cette côtelette. Côtoyer signifie aller côte à côte de quelqu'un. Je vais accoster cet homme pour lui parler. J'ai entendu crac, c'était une solive qui éclatait. Ne faites pas craquer vos doigts en les tirant. Avez-vous attendu le craquement de cette poutre ? Le craqueur et la craqueuse aiment à mentir, à se vanter faussement. Voilà un bon craquelin.

QUARANTE-HUITIÈME LEÇON.

FAMILLES A PORTER AU TABLEAU.

192. *Croc, crochet, crocheteur, crocheter, crochu, accroc, accrocher, décrocher, raccroc, raccrocher, croc-en-jambe.*

REVUE GRAMMATICALE ET LITTÉRAIRE.

112. **Cuiller, cuillier**. — Voilà deux mots qu'il importe de ne pas confondre. Écrivez :

1° *Cuiller*, nom féminin, ustensile de table, dont on se sert ordinairement pour manger le potage. (Académie.)

2° *Cuillier*, nom masculin, oiseau vulgairement appelé *spatule*, parce que son bec, large à l'extrémité, ressemble à une cuiller. Le cuillier a beaucoup de rapport avec le héron. (Académie.)

113. **Culot**. — Un abonné désire savoir comment on appelle l'oiseau le dernier éclos d'une couvée.

Réponse. L'expression propre est *culot,* substantif masculin. (Académie.)

193. *Daigner, dédain, dédaigner, dédaigneux, dédaigneuse, dédaigneusement.*

194. *Danger, dangereux, dangereuse, dangereusement.*

195. *Dans, dedans.*

196. *Danse, danser, danseur, danseuse, contredanse.*

DICTÉE. J'ai besoin d'un croc de fer. Vous avez un joli crochet d'or. Nous avons vu un voleur crocheter votre porte. On vient d'arrêter un crocheteur. Fuyez celui qui a les mains crochues, qui est sujet à dérober. Qu'est-ce qui a fait cet accroc à votre habit? Il faut accrocher ton manteau à ce clou et décrocher ensuite cette tapisserie. On appelle raccroc un coup inattendu et heureux, principalement au jeu de billard. Quand on se noie, on se raccroche où l'on peut. Un croc-en-jambe peut causer la mort à celui qui le reçoit. Dieu daignera entendre notre humble prière. Le dédain est une sorte de mépris vrai ou affecté, exprimé par l'air, le ton et le maintien. Ne dédaignez pas mes services. Vous avez l'air dédaigneux, la mine dédaigneuse. Tu me regardes dédaigneusement. Je cours un danger imminent. Il est dangereux

---

REVUE GRAMMATICALE ET LITTÉRAIRE.

114. **Gens.** — Prononcez : *Gen*, et non : *Gence*. (Tous les dictionnaires.)

115. **Puis ensuite.** — Ces deux mots signifient la même chose. Puisque l'un des deux suffit pour rendre l'idée tout entière, gardez-vous de les employer dans la même proposition. Par exemple, ne dites pas : *Nous allons dîner, puis ensuite nous ferons une promenade.* Dites : *Nous allons dîner, puis nous ferons une promenade ;* ou bien : *Nous allons dîner, ensuite nous ferons une promenade.* (Le bon goût.)

116. **Réglisse.** — Bien des personnes font ce mot masculin, quoiqu'il ne soit que féminin. Dites donc : *De la*

de s'égarer la nuit dans les forêts. Cette blessure est dangereuse. Ma mère est dangereusement malade. Ta sœur est dans sa chambre. Entre là-dedans. J'aime la danse. Je vais danser ce soir. Voilà un danseur et une danseuse qui font une contre-danse.

QUARANTE-NEUVIÈME LEÇON.

FAMILLES A PORTER AU TABLEAU.

197. *Défaut, défection, défectueux, défectueuse, défectueusement, défectuosité.*

198. *Délicat, délicate, délicatement, délicatesse, indélicat, indélicate, indélicatement, indélicatesse.*

199. *Dent, denté, dentée, dentelle, dentier, dentiste, denture, dentition, édenter.*

200. *Dépens, dépense, dépenser, dépensier, dépensière.*

DICTÉE. Il n'y a personne sans défaut. Votre travail est défectueux sous tous les rapports. Ce prince fut effrayé à la vue de la défection presque générale de ses sujets. Voici une sentence défectueuse, défectueusement

---

REVUE GRAMMATICALE ET LITTÉRAIRE.

---

réglisse, de bonne réglisse, etc., et non : *Du réglisse, de bon réglisse*. (Académie.)

117. **Bien.** — N'imitez pas ceux qui répètent deux ou trois fois ce mot dans une phrase. Par exemple, ne dites pas : *Cette pluie fera bien de bien à la récolte*. Dites : *Cette pluie fera beaucoup de bien à la récolte*. (Le bon goût.)

118. **Soixante et dix.** — Un abonné demande s'il faut dire et écrire : *Soixante-dix*, ou bien : *Soixante et dix*.

Réponse. Dites et écrivez : *Soixante et dix*. (Académie.)

119. **Cizanie, zizanie.** — N'imitez pas ceux qui disent : *Cizanie;* ce mot n'est point français. Il faut dire : *Zizanie*. (Académie.)

rédigée. Vous avez le goût délicat, l'oreille délicate. Cette affaire veut être traitée délicatement, avec beaucoup de délicatesse. Vous tenez souvent contre moi des propos indélicats. Ne parlez jamais indélicatement, d'une manière indélicate. Votre indélicatesse vous nuira. Il m'est tombé une dent. Le calice des fleurs de l'olivier est denté. Le loup a donné au levrier une dentée, un coup de dent. Vous avez là une riche dentelle. Votre frère a un beau dentier, un joli rang de dents. Je vais chez mon dentiste. Vous avez une belle denture. On appelle dentition la sortie naturelle des dents depuis l'enfance jusqu'à l'adolescence. Edenter signifie rompre les dents d'une scie, d'un peigne, etc. Je ne veux plus faire la guerre à mes dépens. La dépense excède la recette. Il ne faut pas dépenser son bien mal à propos. Cet homme est un grand dépensier, et sa femme, une grande dépensière.

CINQUANTIÈME LEÇON.

FAMILLES A PORTER AU TABLEAU.

201. *Désert, déserte, déserter, désertion, déserteur.*

REVUE GRAMMATICALE ET LITTÉRAIRE.

---

120. **Exemption**. — Le *p* se prononce dans ce mot, quoiqu'il ne sonne pas dans exempt, exempte, exempter. (Académie.)

121. **Chalote, échalote**. — *Chalote* est un barbarisme. Dites : *Echalote*. (Académie.)

122. **Cuilleron.**— Un abonné désire savoir comment on appelle la partie creuse d'une cuiller.

Réponse. Dites : *Cuilleron*, substantif masculin. (Tous les dictionnaires.)

123. **Echaffourée, échauffourée**. — Le premier de ces deux mots n'est pas français. Dites : *Echauffourée*. (Tous les dictionnaires.)

202. *Désir, désirer, désirable, désireux, désireuse.*

203. *Dessin, dessiner, dessinateur.*

204. *Deux, deuxième, deuxièmement.*

205. *Dévot, dévote, dévotion.*

206. *Direct, directe, directement, direction, directeur, directrice, diriger, indirect, indirecte, indirectement.*

DICTÉE. Ce château est désert ; cette maison est également déserte. La guerre et la peste font déserter les villes et les campagnes. Le crime de désertion est sévèrement puni. Tout déserteur sera condamné à la peine de mort. Je brûle du désir de vous voir. Votre conduite ne laisse rien à désirer. La santé est le plus désirable de tous les biens. Le peuple est désireux de nouveauté. Cette personne est désireuse d'honneur. J'étudie le dessin. Tu aimes à dessiner. Tu connais le dessinateur du roi. Tu effaceras ce deux. Nous logeons au deuxième étage. Deuxièmement signifie en second lieu. L'homme vraiment dévot et la femme sincèrement dévote s'adonnent avec bonheur à la dévotion. Nous devons entendre dévotement la messe chaque fois que nous le pouvons. Vous savez distinguer le régime direct du régime indi-

---

REVUE GRAMMATICALE ET LITTÉRAIRE.

124. **Prairéal, prairial.** — Bien des personnes disent : *Prairéal,* en parlant du neuvième mois de l'année républicaine en France (du 20 mai aux 19 juin); mais ce mot n'est pas français. Dites : *Prairial.* (Tous les dictionnaires.)

125. **Caramel.** — Ceux qui font ce mot féminin, ignorent qu'il est toujours masculin. Dites donc : *De bons caramels,* et non : *De bonnes caramels.*

126. **Qui vient.** — Gardez-vous d'employer cette manière de parler dans le sens de prochain, prochaine. Ainsi ne dites pas : *Le mois qui vient, la semaine qui vient.* Di-

rect. Il s'agit d'une succession en ligne directe. Tu t'adresseras directement à la reine. Je prendrai demain la direction des affaires. Le directeur de l'Académie est absent. La directrice de l'hôpital est une femme vraiment pieuse. J'ai vu le roi diriger ses pas vers le parc. Indirectement signifie d'une manière indirecte.

CINQUANTE-UNIÈME LEÇON.

FAMILLES A PORTER AU TABLEAU.

207. *Discret, discrète, discrètement, discrétion, indiscret, indiscrète, indiscrètement, indiscrétion.*

208. *Distinct, distincte, distinctement, distinctif, distinctive, distinction, distinguer, indistinct, indistincte, indistinctement.*

209 *Divers, diverse, diversement, diversifier, diversion, diversité.*

210. *Dix, dixième, dixièmement.*

DICTÉE. L'homme discret et la femme discrète savent se taire à propos. Parlons toujours discrètement. Tu agi-

---

REVUE GRAMMATICALE ET LITTÉRAIRE.

---

tes : *Le mois prochain, la semaine prochaine.* (Tous les grammairiens.)

127. **Tenir.** — Un abonné désire savoir s'il faut dire : *Il ne tient à rien que je ne parte aujourd'hui,* ou bien : *Il ne tient à rien que je ne parte pas aujourd'hui.*

Réponse. Tenir, employé unipersonnellement, veut toujours être suivi de *ne;* mais il rejette la négative *pas : Il ne tient à rien que je ne lui fasse un affront.* (Académie.) Dites de même, en supprimant *pas : Il ne tient à rien que je ne parte aujourd'hui.*

128. **Ongle.** — Ce nom est toujours masculin. Ne di-

ras avec discrétion dans cette affaire. L'enfant indiscret parle indiscrètement, d'une manière indiscrète. Votre indiscrétion fait que vous ne méritez aucune confiance. Cet article-là est bien distinct de cet article-ci. Vous parlez d'une manière distincte. Tu ne prononces pas les mots assez distinctement. Distinctif fait distinctive au féminin. On a tout passé au fil de l'épée, sans distinction d'âge ni de sexe. Il faut distinguer l'ami d'avec le flatteur. J'ai entendu un son indistinct, une voix indistincte. Le méchant médit indistinctement de ses amis et de ses ennemis. Vos frères ont des sentiments divers. Nous sommes d'une opinion diverse. Cette nouvelle a été reçue diversement dans le monde. Pour rendre la conversation agréable, il faut savoir la diversifier. Au moment où deux amis commençaient à disputer aigrement, un tiers a parlé de nouvelles pour faire diversion. Vous avez une étrange diversité d'occupations. Tu recevras dix écus. J'ai dépensé la dixième partie de mes revenus. Dixièmement signifie en dixième lieu.

REVUE GRAMMATICALE ET LITTÉRAIRE.

---

tes donc pas : *De longues ongles*. Dites : *De longs ongles*. (Académie.)

129. **Souvent**. — N'employez pas ce mot pour *vite*. Par exemple, ne dites pas : *Quoique ma sœur sache que je l'attends, elle ne vient pas souvent*. Dites : *Elle ne vient pas vite*. (Tous les dictionnaires.)

130. **Vaincre, convaincre.** — Un abonné demande si ces verbes prennent un *t* final à la troisième personne singulière du présent de l'indicatif.

Réponse. La grammaire de Noël et Chapsal dit bien (article 175, page 64, 48ᵉ édition) que « les trois personnes singulières des verbes, pour tous les temps simples, sont

CINQUANTE-DEUXIÈME LEÇON.

FAMILLES A PORTER AU TABLEAU.

211. *Doigt, doigter, doigtier.*

212. *Dos, dossier, adosser, endosser, endossement, endosseur.*

213. *Drap, drapeau, draper, draperie, drapier.*

214. *Douze, douzain, douzaine, douzième, douzièmement.*

215. *Duc, ducal, ducale, ducat, ducaton, duché, duchesse, archiduc, archiduchesse, archiduché.*

Dictée. Je n'ignore pas ce que vous avez fait; mon petit doigt me l'a dit. Pour jouer de la musette, il faut commencer par bien doigter. On appelle doigtier ce qui sert à couvrir un doigt, comme un doigtier de cuir, de linge, etc. Dans la mauvaise fortune la plupart des amis tournent le dos. Le dossier de cette chaise n'est pas assez haut. Je vais adosser cet enfant contre la muraille pour l'empêcher de tomber. Tu sais écrire les mots en-

---

REVUE GRAMMATICALE ET LITTÉRAIRE.

---

terminées par *s, s, t;* » mais, ce qui est fort dangereux, elle ne cite ni *vaincre* ni *convaincre* comme faisant exception à cette règle quant à la troisième personne singulière du présent de l'indicatif, personne à laquelle l'Académie et tous les auteurs ne mettent pas un *t* final. Écrivez donc : *Il vainc, il convainc,* et non : *Il vainct, il convainct.*

131. **Malheureux.** — Prononcez : *Ma-lheu-reux,* et non : *Ma-le-reux.* (Tous les dictionnaires.)

132. **Arguer.** — Un abonné désire avoir l'orthographe et la prononciation des temps simples de ce verbe.

Réponse. Voici le tout suivant l'Académie :

dosser, endossement, endosseur. La lisière est pire que le drap. L'ennemi a perdu un drapeau. Le talent de bien draper est très-rare. Je connais la draperie, le métier de faire des draps. Je suis marchand drapier. Nous avons aujourd'hui le douze du mois. Le douzain valait douze deniers. Nous étions une douzaine à table. Douzièmement signifie en douzième lieu. Le duc de Modène porte la couronne ducale. Voilà un domaine ducal. Le ducat est une espèce de monnaie d'argent; il vaut deux ducatons. Le roi vient d'ériger cette province en duché. Vous avez connu la duchesse d'Aiguillon. L'archiduc accompagnera l'archiduchesse dans tout le parcours de l'archiduché.

CINQUANTE-TROISIÈME LEÇON.

FAMILLES A PORTER AU TABLEAU.

216. *Ecart, écarter, écarteler.*

217. *Egal, égale, égaler, égaliser, égalité, inégal, inégale, inégalement, inégalité.*

REVUE GRAMMATICALE ET LITTÉRAIRE.

PRÉSENT DE L'INDICATIF.

Ecrivez : *J'argue, tu argues, il argue, nous arguons, vous arguez, ils arguent.*

Prononcez : *J'argu-e, tu argu-es, il argu-e, nous arguons, vous argu-ez, ils argu-ent.*

IMPARFAIT.

Ecrivez : *J'arguais, tu arguais, il arguait, nous arguions, vous arguiez, ils arguaient.*

Prononcez : *J'argu-ais, tu argu-ais, il argu-ait, nous argu-ions, vous argu-iez, ils argu-aient.*

PASSÉ DÉFINI.

Ecrivez : *J'arguai, tu arguas, il argua, nous arguâmes,*

218. *Empois, empesage, empeser; empeseur, empeseuse.*

219. *Emprunt, emprunter; emprunteur, emprunteuse.*

220. *Encens, encenser; encensement; encenseur; encensoir.*

221. *Epoux; épouse; épouser.*

DICTÉE. On porta un coup à mon frère, et, pour l'éviter, il fit un écart. Le vent est venu écarter les nuages. Tu te feras écarteler. Je marche d'un pas égal. Tu es toujours d'une humeur égale. Nous devons agir également bien envers tout le monde. Personne ne saurait vous égaler en mérite. Nous allons égaliser les lots du partage. Tu me parles de l'égalité des hommes devant Dieu. Le style de cet écrivain est inégal. Ces deux personnes sont d'une condition bien inégale. Les parts sont inégalement faites. L'inégalité du pouls indique une indisposition. L'empois est une espèce de colle faite avec de l'amidon ; elle sert à rendre le linge plus ferme et plus clair. Voici un bel empesage. L'empeseur et l'empeseuse font le métier d'empeser. Tu es forcé de faire un emprunt. Je vais

---

REVUE GRAMMATICALE ET LITTÉRAIRE.

---

vous arguâtes, ils arguèrent.

Prononcez : *J'argu-ai, tu argu-as, il argu-a, nous argu-âmes, vous argu-âtes, ils argu-èrent.*

FUTUR.

Ecrivez : *J'arguerai, tu argueras, il arguera, nous arguerons, vous arguerez, ils argueront.*

Prononcez : *J'argu-erai, tu argu-eras, il argu-era, nous argu-erons, vous argu-erez, ils argu-eront.*

CONDITIONNEL PRÉSENT.

Ecrivez : *J'arguerais, tu arguerais, il arguerait, nous arguerions, vous argueriez, ils argueraient.*

Prononcez : *J'argu-erais, tu argu-erais, il argu-erais, nous argu-erions, vous argu-eriez, ils argu-eraient.*

emprunter un livre. L'emprunteur et l'emprunteuse vont bientôt arriver. L'encens est une espèce de gomme aromatique. Il ne faut jamais encenser les défauts d'autrui. L'encensement est l'action d'encenser. Le courtisan est un encenseur de profession. Je tiendrai l'encensoir. Voici le futur époux et la future épouse. Je ne veux point épouser vos querelles.

CINQUANTE-QUATRIÈME LEÇON.

FAMILLES A PORTER AU TABLEAU.

222. *Estomac, s'estomaquer.*

223. *Étroit, étroite, étroitement, étrécir, rétrécir.*

224. *Exact, exacte, exactement, exactitude, inexact, inexacte, inexactitude.*

225. *Examen, examiner, examinateur.*

226. *Exempt, exempte, exempter, exemption.*

227. *Fagot, fagotage, fagoter, fagoteur.*

Dictée. J'ai mal à l'estomac. Vous n'avez aucun sujet de vous estomaquer ainsi. Le chemin du ciel est étroit ; mais la voie de la perdition est large. Cette chemise me paraît trop étroite. Je suis bien étroitement logé. Vous

---

REVUE GRAMMATICALE ET LITTÉRAIRE.

IMPÉRATIF.

Ecrivez : *Arguer, arguons, arguez.*

Prononcez : *Argu-er, argu-ons, argu-ez.*

SUBJONCTIF PRÉSENT.

Ecrivez : *Que j'argue, que tu argues, qu'il argue, que nous arguions, que vous arguiez, qu'ils arguent.*

Prononcez : *Que j'argu-e, que tu argu-es, qu'il argu-e, que nous argu-ions, que vous argu-iez, qu'ils argu-ent.*

IMPARFAIT.

Ecrivez : *Que j'arguasse, que tu arguasses, qu'il arguât, que nous arguassions, que vous arguassiez, qu'ils arguassent.*

6

allez étrécir la manche droite de cette robe. Votre drap commence à se rétrécir. Tu es exact à remplir tes devoirs. Pour porter un jugement sûr, il faut avoir une connaissance exacte des faits. J'ai exactement suivi les ordres que vous m'avez donnés. Ayons de l'exactitude dans les affaires. Un copiste inexact fait toujours une copie inexacte. Votre inexactitude vous nuira. Je vais faire mon examen de conscience avant d'examiner ton devoir. Cet examinateur est fort rigoureux. Nul n'est exempt de la mort. Notre ville a été exempte de la peste. Vous ne pouvez vous exempter de partir. J'ai obtenu du roi des lettres d'exemption. Donnez-moi un fagot de sarment. Il n'y a presque pas de fagotage dans cette forêt. Puisque le bois est coupé, il faut le fagoter. J'ai donné dix francs au fagoteur pour un cent de fagots.

CINQUANTE-CINQUIÈME LEÇON.

FAMILLES A PORTER AU TABLEAU.

228. *Fat, fatuité, infatué, infatuation.*
229. *Faveur, favorable, favorablement, favori, favorite, favoriser, défaveur, défavorable, défavorablement.*

REVUE GRAMMATICALE ET LITTÉRAIRE.

Prononcez : *Que j'argu-asse, que tu argu-asses, qu'il argu-ât, que nous argu-assions, que vous argu-assiez, qu'ils argu-assent.*

PRÉSENT DE L'INFINITIF.

Ecrivez : *Arguer ;* prononcez : *Argu-er.*

PARTICIPE PRÉSENT.

Ecrivez : *Arguant ;* prononcez : *Argu-ant.*

PARTICIPE PASSÉ.

Ecrivez : *Argué ;* prononcez : *Argu-é.*

133 Faire. — Un abonné demande s'il faut écrire : *Fesant, nous fesons, je fesais, tu fesais, il fesait, nous fesions, vous fesiez, ils fesaient.*

230. *Fer, ferrement, ferrer, ferronnerie, ferronnier, ferronnière, ferrugineux, ferrugineuse, ferrure, déferrer, enferrer, referrer*.

Dictée. Ce jeune homme est fat, sans jugement, plein de lui-même. La fatuité déplaît à tout le monde. L'infatuation est une prévention ridicule en faveur de soi-même. Ne sois point infatué de ta personne. Les faveurs de la fortune sont bien incertaines. J'ai reçu une réponse favorable. Ta demande sera favorablement reçue. Horace est mon auteur favori. L'ironie était la figure favorite de Socrate. Le temps est venu nous favoriser. Craignez de tomber en défaveur. J'ai été traité défavorablement, d'une manière défavorable. Le voleur fut surpris avec des crochets de fer et beaucoup d'autres ferrements. Mon cheval est difficile à ferrer. On appelle ferronnerie le lieu où l'on fabrique les gros ouvrages de fer. Je viens de voir passer le ferronnier et la ferronnière de la petite rue voisine. Ce terrain est ferrugineux ; cette eau est également ferrugineuse. Voilà une ferrure bien faite. Tu vas déferrer mon cheval pour le referrer mieux que tu ne l'as fait la semaine dernière. Enferrer signifie percer avec une épée.

REVUE GRAMMATICALE ET LITTÉRAIRE.

Réponse. Orthographier ainsi, c'est, en surchargeant la grammaire de plusieurs exceptions complétement inutiles, se mettre en contradiction avec l'Académie, qui écrit : *Faisant, nous faisons, je faisais, tu faisais, il faisait, nous faisions, vous faisiez, ils faisaient*. Imitez donc cette autorité, dont le témoignage est préférable à tout autre.

134. Obtenir. — Un abonné désire savoir si la phrase suivante est française : *J'espère que vous m'obtiendrez cette place*.

Réponse. *Obtenir* veut la préposition *pour*, et non la préposition *à*, devant le mot représentant la personne en faveur de qui l'on fait une demande. Ce verbe ne saurait

CINQUANTE-SIXIÈME LEÇON.

FAMILLES A PORTER AU TABLEAU.

231. *Fil, filage, filament, filasse, filature, filer, filerie, filet, fileur, fileuse, affiler, défiler, effiler, éfaufiler, effiloquer, enfilade, enfiler.*

232. *Flamme, flamber, flambeau, flamboyer, flamboyant, flamboyante, flammèche, enflammer, inflammable, inflammation, inflammatoire.*

DICTÉE. J'ai besoin d'une aiguillée de fil. Le filage de la laine destinée à faire la chaîne d'une étoffe est différent de celui de la trame. Les nerfs sont pleins de filaments. On appelle filasse le filament qu'on tire de l'écorce du chanvre. La soie, au sortir de la filature, est préparée en organsin parfait. Je commence à filer ma laine. On nomme filerie le lieu où l'on file le chanvre pour l'employer soit en fil, soit en cordé. La vie de ma tante ne tient plus qu'à un filet. Le fileur et la fileuse filent du coton. Il faut affiler ton couteau. Mon chapelet va se défiler. Effiler et éfaufiler signifient défaire un tissu fil à fil, comme effiloquer signifie effiler une étoffe de

---

REVUE GRAMMATICALE ET LITTÉRAIRE.

donc se construire avec le pronom personnel *m'*, lorsque ce pronom, comme dans le cas présent, est employé pour *à moi*. La phrase proposée n'est par conséquent pas française. Rendez-la correcte en disant : *J'espère que vous obtiendrez cette place pour moi.* (Académie.)

135. **Participe passé entre deux QUE.** — A ce sujet, nous lisons les deux règles suivantes :

« 1° *Le participe passé entre deux* que *est invariable.* » (Grammaire de Noël et Chapsal, art. 615, pag. 167, 48ᵉ édition.)

« 2° *Le participe passé entre deux* que *est presque tou-*

soie pour faire de la ouate. Voici une longue enfilade de chambres. Je ne suis pas venu ici pour enfiler des perles. Ce feu ne fait point de flamme, il faut le faire flamber. Allumez le flambeau. J'ai vu flamboyer les épées. Les éclairs rendent le ciel flamboyant. Nous verrons bientôt une comète flamboyante. Il ne faut qu'une flammèche pour causer un grand embrasement. Le soufre est une matière inflammable. Il y a de l'inflammation à cette plaie. La fièvre inflammatoire conduit bien des personnes au tombeau.

CINQUANTE-SEPTIÈME LEÇON.

FAMILLES A PORTER AU TABLEAU.

233. *Fleur, fleuraison, fleurer, fleuret, fleurette, fleurissant, florissant, fleuriste, fleuron, défleurir, effleurer, refleurir.*

234. *Flot, flottable, flottage, flotte, flotter, flottille.*

235. *Fou, fol, folle, follement, follet, folâtre, folâtrer, folâtrerie, folichon, folichonne, folie, affoler, raffoler.*

REVUE GRAMMATICALE ET LITTÉRAIRE.

jours invariable. » (Cours de thèmes français par Bonnaire, pag. 171e, thème 243e.)

Voilà deux ouvrages qui se trouvent entre les mains de bien des élèves, soit dans les lycées, soit ailleurs. Nous croyons être utile à l'enseignement en faisant disparaître l'espèce de contradiction qui naît de l'énoncé des deux règles précédentes. Pour cela, nous dirons :

1° La règle de Noël et Chapsal dit trop, parce que le participe dont il s'agit devient variable dans beaucoup de cas.

2° Celle de Bonnaire ne dit pas assez, parce qu'elle laisse le maître et l'élève dans un vague qui ne leur permet point

DICTÉE. La rose est la reine des fleurs. La gelée a retardé la fleuraison des anémones. Fleurer signifie répandre une odeur. Il entre beaucoup de fleuret dans cette étoffe J'aime à cueillir les fleurettes des prés. Les arbres commencent à fleurir, à être fleurissants. Cet empire devient de jour en jour plus florissant. Mon jardinier est un bon fleuriste. On appelle fleuron une espèce de représentation de fleur servant d'ornement. Les abricotiers vont bientôt défleurir. Le laboureur négligent ne fait qu'effleurer la terre. Les arts commencent à refleurir. Le flux va mettre le navire à flot. Ce canal est flottable dans toute sa longueur. Cette rivière est commode pour le flottage. Nous avons une flotte imposante. La flottille est une petite flotte. Tu es fou de te fâcher ainsi. Vous vous nourrissez d'un fol espoir, d'une folle espérance. Tu dépenses follement ta fortune. L'esprit follet fait peur aux enfants. Votre sœur est folâtre, aime à folâtrer. à faire mille folâtreries. Alexandre est un petit folichon, et Clotilde, une petite folichonne. Quelle folie de ne point songer à l'avenir ! Tu es affolé de ta maison, comme tu raffoles de la danse.

REVUE GRAMMATICALE ET LITTÉRAIRE.

de saisir facilement les cas de variabilité ou d'invariabilité. Pour résoudre cette difficulté, faisons ce raisonnement :

Le participe passé entre deux *que* a pour complément direct ou la proposition subordonnée qui le suit, ou le pronom relatif qui le précède.

Posons maintenant ces deux règles :

1re Règle. S'il a pour complément direct la proposition subordonnée qui le suit, il reste toujours invariable, parce que le relatif qui le précède, appartient au verbe de cette proposition. Exemple :

Les embarras que j'ai su que vous aviez....

CINQUANTE-HUITIÈME LEÇON.

FAMILLES A PORTER AU TABLEAU.

236. *Frais, fraîche, fraîchement, fraîcheur, rafraîchir, rafraîchissement, rafraîchissant, rafraîchissante.*

237. *Franc, franche, franchement, franchir, France, français, franciser, franchise, franc-maçon, franc-
maçonnerie, franc-parler, franco, affranchir, affranchissement.*

238. *Froid, froide, froidement, froideur, froidir,
froidure, refroidir, refroidissement.*

Dictée. Quand nous partîmes, il faisait un petit vent
frais. Donnez-moi un verre d'eau fraîche. Nous marchons
la nuit pour aller fraîchement. J'aime la fraîcheur des
bois. Le temps commence à se rafraîchir. Nous allons
prendre un rafraîchissement. Ce malade a besoin d'un
rafraîchissant, d'une boisson rafraîchissante. Tu n'es
pas franc. Voilà ma volonté pure et franche. Parlons
franchement, avec franchise. Vive la France ! Ce mot
n'est pas encore français ; mais l'Académie ne tardera
pas à le franciser. La franc-maçonnerie est une société
secrète, répandue dans différentes contrées du globe.

REVUE GRAMMATICALE ET LITTÉRAIRE.

J'ai su quoi ? Que vous aviez, proposition subordonnée,
complément direct de *su*.

Vous aviez quoi ? *que*, mis pour embarras, complément
direct de *aviez*.

2me Règle. S'il a pour complément direct le relatif qui le
précède, il prend toujours le genre et le nombre de ce relatif, qui ne dépend point alors du verbe de la proposition
subordonnée. Exemple :

*Les personnes que j'ai convaincues qu'elles chantaient
faux....*

J'ai convaincu qui ? *que*, mis pour *personnes*, complément direct du participe *convaincues*, et non de *chantaient*,

Chaque membre de cette société se nomme **franc-maçon**. J'ai mon franc-parler. Vous m'écrirez franco. Tu me parles de l'affranchissement des esclaves. Je vais affranchir cette lettre. Ne laissez pas froidir le dîner. J'ai froid à la tête. Vous avez la main froide. Tu m'as répondu froidement, avec froideur. Après la triste froidure, nos yeux, amis de la verdure, sont enchantés de son retour. La vieillesse refroidit les passions. Il y a du refroidissement dans l'air.

CINQUANTE-NEUVIÈME LEÇON.

FAMILLES A PORTER AU TABLEAU.

239. *Front, frontal, fronton, frontière, frontispice. affront, affronter, effronté, effrontément, effronterie.*

240. *Gai, gaie, gaiement ou gaiment, gaieté ou gaité, égayer.*

241. *Gaine, gainier, dégaine, dégainer, engainer, rengainer.*

242. *Galop, galopade, galoper, galopin.*

DICTÉE. Déridez votre front. Mettez un frontal avec des herbes pour apaiser le mal de tête. J'ai vu le fron-

---

REVUE GRAMMATICALE ET LITTÉRAIRE.

verbe de la proposition subordonnée. D'ailleurs, *convaincre* veut toujours un nom de personne pour complément direct.

136. Broussailles. — N'imitez pas ceux qui emploient ce mot au singulier ; car il n'est d'usage qu'au pluriel. (Académie.)

137. Métier. — La plupart prononcent : *Métier* ; c'est une grosse faute. Prononcez : *Métier,* puisque tous les dictionnaires mettent un accent aigu sur l'*e* qui est devant le *t.*

138. Etal. — On appelle ainsi une table sur laquelle on expose en vente de la viande de boucherie. Au sujet de ce mot, nous tenons à mentionner une lacune qu'on nous

ton de l'entrée du Louvre. L'ennemi est sur la frontière. Le frontispice de l'église de Saint-Pierre de Rome est un chef-d'œuvre. Je ne puis digérer un tel affront. Le soldat intrépide ne craint pas d'affronter la mort. Ce menteur est effronté : il soutient effrontément un mensonge ; il a même l'effronterie de nous menacer. La bonne conscience rend l'esprit gai, l'humeur gaie. Nos troupes vont gaiement au combat. Vivons gaîment. Tu as perdu ta gaieté ordinaire. Reprends ta gaîté. Il faut faire ce qu'on peut pour égayer un malade. On appelle gaîne l'étui d'un couteau, d'un poignard, etc. Le gaînier est un ouvrier qui fait des gaines. Voilà un homme de belle dégaîne. Dégaîner signifie tirer une épée du fourreau. Il faut engaîner le sabre et rengaîner l'épée. Nous irons au petit galop. Ce cheval a la galopade fort belle. J'ai galopé par tout Paris pour la réussite de mon projet. Mon enfant, fuis les galopins, dont la compagnie est toujours dangereuse.

SOIXANTIÈME LEÇON.

FAMILLES A PORTER AU TABLEAU.

243. *Goût, goûter, ragoût, ragoûter, ragoûtant, ragoûtante, dégoût, dégoûter, dégoûtant, dégoûtante.*

REVUE GRAMMATICALE ET LITTÉRAIRE.

saura peut-être gré de remplir. A l'art. 34 4° de la grammaire de Noël et Chapsal nous lisons :

« Les substantifs terminés au singulier par *al*, changent au
« pluriel cette finale en *aux :* un cheval, des chevaux ; un
« hôpital, des hôpitaux ; un bocal, des bocaux ; un local,
« des locaux. Excepté les substantifs suivants, qui pren-
« nent simplement une *s* au pluriel : 1° aval (endossement
« d'un billet), bal, cal, cantal (fromage), carnaval, nopal
« (plante), pal, régal ; 2° chacal, serval, et autres noms
« d'animaux, à l'exception de cheval. Au pluriel, des avals,
« des bals, des carnavals, des chacals, etc. »

Dans l'intérêt des élèves, nous prions les personnes char-

244. *Grain, graine, grainier, grainière, grenier, grènetier, grènetière, grèneterie, égrener, égrenage.*

245. *Gramme. myriagramme, kilogramme, hectogramme, décagramme. décigramme, centigramme, milligramme.*

Dictée. Voilà un meuble de bon goût. On m'a donné du fruit pour mon goûter. Je trouve ce ragoût excellent. Ragoûter signifie remettre un malade en appétit. Le féminin de ragoûtant est ragoûtante. Cet enfant a du dégoût pour l'étude. Il ne faut pas se dégoûter de la vie. Cet homme est dégoûtant ; il a des manières dégoûtantes. J'ai vendu tout mon grain. Tu veux de la graine de laitue. Le grainier et la grainière vendent en détail toutes sortes de grains. Mon grenier est vide. On appelle grèneterie le commerce que font le grènetier et la grènetière. L'égrenage est l'action d'égrener, de faire sortir le grain de l'épi. Le blé a bien grené l'année dernière. Le myriagramme vaut dix kilogrammes ; le kilogramme, dix hectogrammes ; l'hectogramme, dix décagrammes ; le décagramme, dix grammes ; le gramme, dix décigrammes ; le décigramme, dix centigrammes ; le centigramme, dix milligrammes.

REVUE GRAMMATICALE ET LITTÉRAIRE.

gées de l'enseignement de leur dire que le substantif *étal* doit figurer dans le nombre des mots qui font l'objet de l'exception qui précède, c'est-à-dire qu'il est également terminé au pluriel en *als* : *Un étal, des étals.* (Académie, Poitevin, Larousse, etc.)

139. **Suggérer**. — Prononcez : *Sugérer*, et non : *Suguegérer.* (Tous les dictionnaires.)

140. **Tergette, argette**. — *Tergette* n'est pas français. Dites : *Targette.* (Tous les dictionnaires.)

141. **Mais**. — La clarté du langage exige la répétition du verbe quand deux propositions sont liées par la conjonc-

SOIXANTE-UNIÈME LEÇON.

FAMILLES A PORTER AU TABLEAU.

246. *Grand, grande, grandelet, grandelette, grande-ment, grandesse, grandeur, grandiose, grandir, gran-dissime, grand'maman, grand'mère, grand'messe, grand'chambre, grand'salle, grand'chère, grand'chose, grand'peur, grand'tante, grand merci, grand-oncle, grand-père, Grand-Seigneur, Grand-Turc, agrandir, agrandissement, ragrandir.*

247. *Gras, grasse, grassement, grasset, grassette, grasseyer, graisse, graissage, graisser, graisseux, grais-seuse, gras-double, dégraissage, dégraisser, dégraisseur, engrais, engraissement, engraisser.*

DICTÉE. Le grand esprit et la grande âme. Un enfant grandelet, une fille grandelette. L'homme grand n'agit pas toujours grandement. Grandesse, dignité de Grand d'Espagne. La grandeur des manières. Un édifice gran-diose, imposant par la grandeur et l'élévation. Les pluies font grandir le blé. Grandissime signifie très-grand. Ma grand'maman. Votre grand'mère. La grand'messe. En-

---

REVUE GRAMMATICALE ET LITTÉRAIRE.

tion *mais,* et que la première proposition est négative et la seconde affirmative. Ainsi ne dites pas :

Je ne veux pas une rose, mais un œillet.

Tu ne mangeras pas cette pomme-ci, mais cette pomme-là.

Nous n'irons pas chez ma tante, mais chez mon oncle.

Dites :

Je ne veux pas une rose ; mais je veux un œillet.

Tu ne mangeras pas cette pomme-ci ; mais tu mangeras cette pomme-là.

Nous n'irons pas chez ma tante ; mais nous irons chez mon oncle.

Ou bien :

trez dans la grand'chambre. Nous dînerons dans la grand' salle, où nous ferons grand'chère. Cet écolier ne fait pas grand'chose. J'ai grand'peine à vous croire. Nous avons grand'peur que vous ne soyez pas de retour ce soir. Ma grand'tante arrive avec mon grand-oncle et mon grand-père. Dis grand merci à ta marraine. Grand-Seigneur, chef de l'empire ottoman, qu'on nomme aussi Grand-Turc. Agrandissement, action d'agrandir. Ragrandir, rendre plus grand. Le chapon gras. La poularde grasse. Récompensez grassement. Il est grasset. Elle est grassette. Grasseyer signifie parler gras. La graisse de chapon. Graissage, action de graisser. Un corps graisseux, une membrane graisseuse. Gras-double, membrane de l'estomac de bœuf. Dégraissage, action de dégraisser. Un dégraisseur d'habits. Voilà un bon engrais. L'engraissement des bestiaux. Engraisser des moutons.

SOIXANTE-DEUXIÈME LEÇON.

FAMILLES A PORTER AU TABLEAU.

248. *Guerre, guerrier, guerrière, guerroyer, guerroyeur, aguerrir.*

249. *Habile, habilement, habileté, habilité, habiliter,*

REVUE GRAMMATICALE ET LITTÉRAIRE.

Je veux, non une rose, mais un œillet.
Tu mangeras, non cette pomme-ci, mais cette pomme-là.
Nous irons, non chez ma tante, mais chez mon oncle.

142. Être en humeur de..., être d'humeur à... — Voilà deux manières de parler qu'il ne faut pas confondre.

La première indique une humeur actuelle :
Je suis en humeur de me divertir aujourd'hui. (Acad.)

La seconde dénote le caractère, une humeur habituelle :
Nous ne sommes pas d'humeur à souffrir un pareil outrage. (Idem.)

143. Giffle, giffler. — Comme ces mots ne se trou-

inhabile, inhabileté, inhabilité, réhabiliter, réhabilitation.

250. *Habiller, habillement, habit, déshabiller, rhabiller, rhabillage.*

251. *Habiter, habitable, habitation, habitant, inhabitable, inhabité, cohabiter, cohabitation.*

252. *Habitude, habituel, habituelle, habituellement, habituer, déshabituer, inhabitude.*

DICTÉE. Une guerre juste. Le peuple guerrier. La nation guerrière. Le guerroyeur aime à guerroyer, à faire la guerre. Aguerrir des troupes. Un peintre habile. Habilement, d'une manière habile. Habileté, qualité de celui qui est habile. Habilité, aptitude. Habiliter, rendre quelqu'un capable de faire, de recevoir quelque chose. Inhabile, incapable. Inhabileté, manque d'habileté. Inhabilité, incapacité. Réhabilitation, action de réhabiliter, de rétablir dans ses droits celui qui les a perdus. Habiller, vêtir. Un magnifique habillement. Un bel habit. Allez vous déshabiller. Rhabiller, habiller de nouveau. Un rhabillage difficile. Je vais habiter la campagne. Le logement habitable. Une habitation malsaine. L'habitant des villes. La maison inhabitable. Un châ-

---

REVUE GRAMMATICALE ET LITTÉRAIRE.

vent dans aucun dictionnaire, ils ne sont pas français. Dites : *Soufflet, souffleter.* (Académie.)

144. Médecin. — Bien des personnes prononcent : *Medecin,* ce qui est une faute grave. Prononcez : *Mé-de-cin,* en appuyant sur *mé* et en passant rapidement sur *de.*

145. Hameçon. — N'imitez pas ceux qui disent : *Le hameçon, au hameçon, du hameçon,* etc. ; car ce mot commence par une *h* muette, et non par une *h* aspirée. Dites : *L'hameçon, à l'hameçon, de l'hameçon.* (Tous les dictionnaires.)

146. Le meilleur. — Suivant toutes les grammaires,

teau inhabité. Cohabitation, action de cohabiter. La mauvaise habitude. Le péché habituel. Une fièvre habituelle. Tu mens habituellement. Il faut de bonne heure habituer les enfants à l'obéissance et les déshabituer du mensonge. Inhabitude, défaut d'habitude.

SOIXANTE-TROISIÈME LEÇON.

FAMILLES A PORTER AU TABLEAU.

253. *Hardi, hardie, hardiesse, hardiment, enhardir,*

254. *Haut, haute, hautement, hauteur, hautesse, hautain, hautaine, hautainement, hausse, haussement, hausser, hausse-col, haut-bord, haut-de-chausses, haute-contre, haute-taille, exhausser, exhaussement.*

255. *Hériter, héritage, héritier, héritière, hérédité, héréditaire, cohéritier, cohéritière, déshériter.*

256. *Honnête, honnêtement, honnêteté, déshonnête, déshonnêtement, malhonnête, malhonnêtement, malhonnêteté.*

DICTÉE. L'homme hardi. La femme hardie. Tu parles hardiment, avec hardiesse. Un bon succès enhardit. Un front haut. Une montagne haute. Je vous le déclare

---

REVUE GRAMMATICALE ET LITTÉRAIRE.

le meilleur veut *de,* et non *parmi,* devant son complément. Ainsi ne disons pas avec un écrivain moderne :

Parmi tous les caractères que je viens de décrire, le meilleur est la saveur.

Dans cette phrase, le complément de *le meilleur* doit être *de tous les caractères,* et non *parmi tous les caractères.* C'est comme si l'on disait, en rétablissant les mots dans l'ordre grammatical :

La saveur est le meilleur de tous les caractères que je viens de décrire.

Pour s'exprimer correctement, l'auteur aurait dû dire :

hautement. La hauteur du mur. Hautesse, titre qu'on donne au Sultan. Avoir l'air hautain, l'humeur hautaine. Ne parle pas si hautainement. Je joue à la hausse. Un haussement d'épaules. Hausser un mur. Hausse-col, petite plaque ordinairement de cuivre doré, que les officiers d'infanterie portent au-dessous du cou, lorsqu'ils sont de service. Haut-bord, espèce de vaisseau. Haut-de-chausses, partie du vêtement de l'homme depuis la ceinture jusqu'aux genoux. Haute-taille, voix moyenne entre la taille et la haute-contre. Exhaussement, action d'exhausser, d'élever. Je viens d'hériter, de faire un héritage. Voici l'héritier et l'héritière. Hérédité, droit de succession. La couronne héréditaire. Le cohéritier et la cohéritière. Un père peut déshériter son enfant. L'homme honnête parle honnêtement, avec honnêteté, et non déshonnêtement, d'une manière déshonnête. Ne sois pas malhonnête. N'agissez jamais malhonnêtement, avec malhonnêteté.

SOIXANTE-QUATRIÈME LEÇON.

FAMILLES A PORTER AU TABLEAU.

257. *Hôte, hôtesse, hôtel, hôtelier, hôtelière, hôtellerie, hôtel-Dieu.*

REVUE GRAMMATICALE ET LITTÉRAIRE.

De tous les caractères que je viens de décrire, le meilleur est la saveur.

147. Infraction. — Un abonné désire savoir si l'on peut indifféremment dire : *Infraction à la loi, infraction contre la loi, infraction de la loi.*

Réponse. La dernière manière de parler est la seule qui soit bonne : *C'est à la loi seule que nous devons rendre compte des infractions de la loi.* (Académie.)

148. Goûter. — On dit :

1° Goûter une chose pour savoir si elle est bonne ou mauvaise : *J'ai goûté ce vin, et je l'ai trouvé bon.* (Acad.)

2° Goûter d'une chose lorsqu'on en mange comme ali-

258. *Imiter, imitable, imitation, imitateur, imitatrice, imitatif, imitative, inimitable.*

259. *Insolence, insolent, insolente, insolemment.*

260. *Instant, instamment, instance, instantané.*

261. *Jambe, jambage, jambé, enjambée, enjambement, enjamber.*

262. *Jaune, jaunet, jaunir, jaunisse, jaunâtre.*

Dictée. Je mange à table d'hôte. L'hôtesse est absente. Je ne dînerai pas aujourd'hui à mon hôtel. L'hôtelier et l'hôtelière tiennent l'hôtellerie. J'ai vu l'hôtel-Dieu de Lyon. Tâchons d'imiter les actions des grands hommes. Cela n'est pas imitable. Voilà une imitation parfaite. L'esprit imitateur. La femme imitatrice. Un son imitatif. L'harmonie imitative. L'inimitable Virgile. L'insolent même ne peut souffrir une insolence, une parole insolente. Ne parlez pas insolemment. Je reviens dans un instant. Tu le demanderas instamment, avec instance. Un mouvement instantané. J'ai mal à la jambe droite. Le jambage de cette porte. Cet homme est bien jambé. L'enjambement des vers. Je vais enjamber le ruisseau. La couleur jaune. Jaunet, espèce de petite fleur jaune qui croît dans les prés. Les blés commencent à jaunir. Cette fille a la jaunisse. Je n'aime pas la couleur jaunâtre.

REVUE GRAMMATICALE ET LITTÉRAIRE.

ment : *J'ai mangé du rôti, du pâté, et goûté des ragoûts.* (Idem.)

3° Goûter à une chose pour savoir ce qu'il faut y ajouter : *Ce cuisinier a goûté dix fois à cette sauce avant de la servir.* (Idem.)

149. **Peine.** — Ne dites pas : *Donnez-vous la peine de vous asseoir,* ni : *Prenez la peine de vous asseoir.* Le mot *peine* est ici complétement inutile. De plus, il exprime une idée contraire à celle que vous voulez peindre. En effet, lorsque vous invitez une personne à s'asseoir, c'est dans la pensée qu'elle éprouvera un sentiment, non de peine, mais de bien-être. Dites tout simplement : *Veuillez vous asseoir,* ou : *Je vous prie de vous asseoir.* (Le bon goût.)

SOIXANTE-CINQUIÈME LEÇON.

FAMILLES A PORTER AU TABLEAU.

263. *Jet, jeté, jetée, jeter, jeton, rejet, rejeter, rejeton.*

264. *Lacet, lacer, délacer, enlacement, enlacer, entrelacement, entrelacer.*

265. *Lâche, lâchement, lâcher, lâcheté, relâche, relâchement, relâcher.*

266. *Lait, laitage, laiterie, laiteux, laiteuse, laitier, laitière, allaitement, allaiter, petit-lait.*

DICTÉE. J'aime à voir un jet d'eau. Le jeté est un pas de danse. On appelle jetée, un amas de pierres encaissées le long d'un port pour arrêter les eaux. La vigne commence à jeter, à produire des bourgeons. Je n'ai qu'un jeton. Tu votes pour le rejet de la loi. On voit la mer rejeter sur ses bords les débris des naufrages. Alexandre est le dernier rejeton d'une famille illustre. J'ai besoin d'un lacet pour me lacer. Tu vas te délacer pour respirer à ton aise. L'enlacement est l'action d'enlacer, comme l'entrelacement est celle d'entrelacer.

REVUE GRAMMATICALE ET LITTÉRAIRE.

150. **Taie, tête.** — On appelle *taie* le linge qui sert d'enveloppe à un oreiller. Le mot *tête* n'exprime point cette idée. Dites donc : *Une taie d'oreiller*, et non : *Une tête d'oreiller*. (Tous les dictionnaires.)

151. **Eduqué.** — Ce mot est un barbarisme. Dites : *Voilà un enfant bien élevé*, et non : *Un enfant bien éduqué*. (Tous les dictionnaires.)

152. **Le.** — La grammaire et le bon goût ne permettent pas de sous-entendre ce mot. Ainsi ne dites pas avec un historien : *Cette ville n'est pas aussi grande qu'on croit.* Dites : *Cette ville n'est pas aussi grande qu'on le croit.*

7

Cet écolier est lâche au travail ; il travaille lâchement, avec lâcheté. Je vais lâcher mon corset. Mon mal ne me laisse pas de relâche. Il y a du relâchement dans ta conduite. Nous allons relâcher les prisonniers. Le lait est une liqueur blanche, d'une saveur douce. On appelle laitage tout ce qui se fait avec du lait. Il n'y a plus de lait dans la laiterie. Voici une plante laiteuse, qui a un suc laiteux, de la couleur du lait. Mon laitier ou ma laitière m'apportera du petit-lait. L'allaitement est l'action d'allaiter.

SOIXANTE - SIXIÈME LEÇON.

FAMILLES A PORTER AU TABLEAU.

267. *Lance, lancer, lancette, lancier, élan, élancement, s'élancer, relancer.*

268. *Lard, larder, lardoire, entrelarder.*

269. *Larme, larmier, larmoyant, larmoyer, alarme, alarmer, alarmiste.*

270. *Las, lasse, lasser, lassitude, délassement, délasser.*

271. *Lettre, lettré, littéral, littérale, littéralement, littérature, littérateur, littéraire, illettré.*

REVUE GRAMMATICALE ET LITTÉRAIRE.

L'omission du pronom *le* est une négligence qui échappe à beaucoup d'écrivains.

153. Fronce, froncé, fronçure, froncis. — Ne dites pas : *Une fronce, un froncé, une fronçure,* en parlant des plis que vous faites à une robe, à une chemise, etc. ; car ces mots ne sont point français. Dites et écrivez : *Un froncis, des froncis.* (Académie.)

154. Balance. — N'employons jamais ce mot au pluriel quand nous entendons parler d'une seule balance. Dans ce cas, ne disons plus à un marchand qui n'en a qu'une : *Vos balances sont justes ; vos balances ne sont pas justes.*

DICTÉE. Baisser la lance, c'est s'avouer vaincu. Tu vas bientôt te lancer dans le monde. La lancette est un instrument de chirurgie. Chaque lancier avait sa lance. J'ai fait un élan pour me dégager des mains de ceux qui me tenaient. J'éprouve des élancements fort douloureux. Le chien va s'élancer sur toi. Allons relancer le cerf. Voilà du lard frais. On appelle lardoire une brochette dont on se sert pour larder. Entrelarder signifie piquer de lard une viande. Une larme de repentir coula. Le larmier est une saillie destinée à faire tomber l'eau de pluie à une distance convenable du pied du mur. Votre frère était larmoyant, fondant en larmes. Cessez de larmoyer, de pleurer. On sonna l'alarme. Il ne faut pas vous alarmer de cette nouvelle. N'écoutez pas les alarmistes. Je suis las, fatigué ; ma sœur est également lasse. Le plaisir finit par lasser. Notre lassitude provient d'un travail excessif. L'esprit a besoin de délassement, de se délasser. Je fais une lettre. L'homme lettré a du savoir. Voilà le sens littéral de la phrase. Tu traduiras littéralement, à la lettre. Cette traduction n'est pas littérale. Le littérateur enseigne la littérature. Je fais une analyse littéraire. L'homme illettré est ignorant en littérature.

REVUE GRAMMATICALE ET LITTÉRAIRE.

Disons au singulier : *Votre balance est juste ; votre balance n'est pas juste.* (Tous les dictionnaires.)

155. Peut-être, peut être. — Voilà deux manières de parler dont l'orthographe embarrasse souvent les jeunes élèves. Nous venons à leur secours en leur disant :

1° Ecrivez *peut-être*, avec un trait d'union, si le sens de la phrase vous permet de le remplacer par *probablement* : *Je partirai peut-être demain.* (Académie.) On peut dire : *Je partirai probablement demain.*

2° Si ce remplacement ne peut avoir lieu, écrivez *peut être*, sans trait d'union : *Tout citoyen peut être utile à sa*

SOIXANTE-SEPTIÈME LEÇON.

FAMILLES A PORTER AU TABLEAU.

272. *Lever, levain, levant, levée, levier, élévation, élève, élever, éleveur, relever, pont-levis.*

273. *Liberté, libre, librement, libéral, libérale, libéralement, libéralité, libérateur, libératrice, libérer, libertin, libertinage.*

274. *Lier, liasse, liaison, lien, alliage, alliance, allier, délier, relier, relieur, reliure.*

DICTÉE. Je ne veux pas lever l'étendard de la révolte. Le levain est un morceau de pâte aigre. J'aime à voir le soleil levant. On vient de faire une levée de troupes. L'éloquence est un puissant levier pour remuer la multitude. Vous me parlez de l'élévation du cœur à Dieu. L'élève studieux est aimé de son maître. L'éleveur s'applique à élever des bestiaux. La révolution commence à relever la tête. J'ai vu un pont-levis. C'est la liberté qui fait le mérite d'une action. L'homme est né libre. Tu parles trop librement. Libéral fait libérale au féminin. Libéralement signifie avec libéralité.

REVUE GRAMMATICALE ET LITTÉRAIRE.

patrie. (Académie.) On ne saurait dire : *Tout citoyen probablement utile à sa patrie.*

156. Indistinctement. — Ecrivez et prononcez : *Indistinctement,* et non : *Indistinctément* ; car aucun dictionnaire ne met un accent aigu sur l'*e* qui est devant l'*m.*

157. Cadogan, catogan. — *Cadogan* n'est pas français. Ecrivez et prononcez : *Catogan,* nœud qui retrousse les cheveux et les attache fort près de la tête. (Tous les dictionnaires.)

158. Malin. — Cet adjectif fait au féminin *maligne,* et non *maline.* Ainsi ne dites plus : *La fièvre maline, une*

Moïse fut le libérateur des Hébreux. La France est la libératrice des peuples opprimés. Tout débiteur doit se libérer, s'acquitter de ses dettes. Il est devenu libertin. Le libertinage est un dérèglement de mœurs. Je vais lier un fagot. Fuyez les liaisons dangereuses. Voici une liasse de papiers. Tu me parles du lien conjugal Il s'agit ici de l'alliage des métaux. Voilà une heureuse alliance de mots. Nous saurons nous allier contre l'ennemi commun. Tu viens de me délier de mon serment. La reliure est l'ouvrage du relieur, dont le métier est de relier les livres.

SOIXANTE-HUITIÈME LEÇON.

FAMILLES A PORTER AU TABLEAU.

275. *Lieu, lieutenance, lieutenant, lieutenant-colonel, lieutenant-général.*

276. *Limite, limiter, limitrophe, délimitation, délimiter.*

277. *Liquide, liqueur, liquider, liquidation, liquidateur, liquidité, liquoreux, liquoriste.*

278. *Lit, literie, litière, s'aliter.*

279. *Lithographie, lithographier, lithographe, lithographique.*

REVUE GRAMMATICALE ET LITTÉRAIRE.

intention maline, etc. Dites : *La fièvre maligne, une intention maligne.* (Tous les dictionnaires.)

159. Se faire fort. — Un abonné nous demande s'il faut dire et écrire :

1° *Ma sœur se fait forte de faire ce travail dans un jour.*

2° *César et Alexandre se font forts de leur frère Auguste.*

Réponse. *Se faire fort* signifie s'engager à quelque chose, se rendre caution, se rendre garant. Dans cette manière de parler, le mot *fort* est adverbe, invariable :

Une femme qui se fait fort de faire signer son mari. (Académie.)

Dictée. J'ai tout lieu de croire que vous ne réussirez pas dans votre entreprise. Lieutenance signifie emploi, grade de lieutenant. On appelle lieutenant-colonel un officier qui remplace le colonel dans les cas d'absence. Le lieutenant-général se nomme aussi général de division. J'ai trouvé la limite qui sépare mon champ du vôtre. Il faut savoir limiter ses dépenses. Le Portugal est limitrophe de l'Espagne. La délimitation est l'action de délimiter, de fixer des limites. L'eau est liquide. La liqueur est une boisson dont la base est l'eau-de-vie. Il faut liquider ce compte. Mon liquidateur n'a pas encore fait ma liquidation. La liquidité est la qualité des substances liquides. Ce vin est liquoreux, a une douceur particulière. Le liquoriste fait et vend des liqueurs. J'étais assis sur un lit de gazon. On appelle literie tout ce qui compose un lit, et litière, la paille sur laquelle se couchent dans les écuries les chevaux, les bœufs, les vaches, etc. Je suis malade au point de m'aliter, de garder le lit. J'aime la lithographie. Tu sais lithographier. Ce jeune homme est lithographe. Voilà de bonne encre lithographique.

REVUE GRAMMATICALE ET LITTÉRAIRE.

Ils se faisaient fort d'une chose qui ne dépendait pas d'eux. (Idem.)

Les deux phrases proposées sont donc fautives. Il faut dire et écrire avec le mot *fort* invariable :

Ma sœur se fait fort de faire ce travail dans un jour.

César et Alexandre se font fort de leur frère Auguste.

160. **Point-virgule.** — Quand vous donnez une dictée à vos élèves, et que vous parlez d'une virgule surmontée d'un point (;), ne dites pas : *Point et virgule*, ni : *Un point et une virgule*. Dites : *Point-virgule*. (Académie.)

161. **Risquer.** — Ce verbe veut à ou *de* devant l'infinitif qui l'accompagne :

SOIXANTE-NEUVIÈME LEÇON.

FAMILLES A PORTER AU TABLEAU.

280. *Litre, décalitre, hectolitre, décilitre, centilitre, millilitre.*

281. *Long, longue, longuement, longanimité, longe, longer, longévité, longueur, longtemps, longue-vue, allonge, allongement, allonger, oblong, oblongue, prolongation, prolongement, prolonger.*

282. *Loup, louve, louveteau, loup-cervier, loup-garou.*

DICTÉE. Le litre est l'unité des mesures de capacité, contenant un décimètre cube. Le décalitre vaut dix litres ; l'hectolitre, cent litres ; le décilitre, la dixième partie du litre ; le centilitre, la centième partie du litre ; le millilitre, la millième partie du litre. Je suis tombé de mon long. Tout s'use à la longue. Nous avons longuement parlé de vous et de votre famille. N'abusez pas de ma longanimité, de ma patience à endurer vos offenses. On appelle longe une courroie dont on se sert pour attacher un cheval ou le conduire par la main. Pour aller là, il faut longer la rivière. La longévité est la prolongation

---

REVUE GRAMMATICALE ET LITTÉRAIRE.

1° Il veut *à* quand le sens de la phrase permet de remplacer l'infinitif par le participe présent précédé de la préposition *en*.

Enfin, trouvant que je risquais davantage à garder le silence qu'à le rompre, je me déterminai à parler. (Lesage.)

Songez qu'on risque tout à me le refuser. (Corneille.)

On peut dire :

Enfin, trouvant que je risquais davantage en gardant le silence qu'en le rompant, je me déterminai à parler.

Songez qu'on risque tout en me le refusant.

2° Dans le cas contraire, il veut *de* :

de la vie au-delà du terme ordinaire. L'affaire traîne en longueur. Tu vivras longtemps. La longue-vue est une lunette d'approche. Mettez une allonge à ce rideau. Cet homme trouve toujours des allongements dans les affaires. Il faut allonger la courroie. Oblong se dit de ce qui est plus long que large. Ma chambre est oblongue. J'ai obtenu de mon colonel une prolongation de séjour. Le prolongement de ce mur coûtera trois cents francs. Vous vous plaisez à prolonger la guerre. Le loup est un quadrupède sauvage et carnassier. La louve est la femelle du loup. Le louveteau est un petit loup. Le loup-cervier est le nom vulgaire du lynx. Autrefois on appelait loup-garou un homme qu'on regardait comme sorcier, et qu'on supposait courir la nuit, transformé en loup.

SOIXANTE-DIXIÈME LEÇON.

FAMILLES A PORTER AU TABLEAU.

283. *Loyal, loyale, loyalement, loyauté, déloyal, déloyale, déloyalement, déloyauté.*

284. *Lune, lunaire, lunaison, lunatique, lunette, lunettier.*

REVUE GRAMMATICALE ET LITTÉRAIRE.

Vous risquez de beaucoup perdre pour peu gagner. (Académie.)

On ne peut dire :

Vous risquez en perdant beaucoup pour peu gagner.

162. Ingrédient. — Prononcez : *Ingrédian*, et non : *Ingrédiin.* (Tous les dictionnaires.)

163. Jugé convenable. — On nous demande si la phrase suivante est correcte :

Je n'admets pas les raisons que vous avez jugées convenables de me donner.

Réponse. Elle renferme deux fautes :

1° Il faut laisser invariable le participe *jugé*, d'abord,

285. *Lustre, lustrage, lustral, lustrale, lustration, lustrer; lustreur, lustrine, illustre, illustration, illustrer, illustrissime.*

286. *Luth, luthier.*

Dictée. Ton père est aussi loyal que ta mère est loyale. Comportez-vous loyalement, avec bonne foi. J'admire votre loyauté. Nous avons en horreur un procédé déloyal, une action déloyale. Il est honteux d'agir déloyalement. Déloyauté signifie perfidie. La lune est quarante-neuf fois plus petite que la terre ; elle en est éloignée de quatre-vingt-cinq mille lieues. Le mois lunaire, qu'on appelle aussi lunaison, se compose de vingt-sept jours, quarante-trois minutes, onze secondes. Cette fille est lunatique, fantasque, capricieuse. Le lunettier fait et vend des lunettes. Le malheur donne du lustre à la gloire. Le lustrage est l'action de lustrer. On appelait anciennement jour lustral, celui où un nouveau-né recevait son nom et était purifié par l'eau lustrale. La lustration était une cérémonie par laquelle les Païens purifiaient une personne, un champ, une ville. On nommé lustreur celui qui lustre. La lustrine est une espèce de droguet de soie. Mon capitaine a donné une

---

parce qu'il est suivi de son complément direct *convenable de me donner*, proposition elliptique, équivalant à : *qu'il était convenable de me donner* ; ensuite, parce que le complément direct *que*, qui le précède, appartient à l'infinitif *donner*, ce que nous démontrons de la manière suivante :

Vous avez jugé quoi ? convenable de me donner, mis pour *qu'il était convenable de me donner*, complément direct du participe *jugé*.

De donner quoi ? *que*, mis pour *raisons*, complément direct de l'infinitif *donner*.

2° Il faut également laisser invariable l'adjectif *convenable*, parce qu'il s'accorde, non avec le substantif *raisons*,

illustre marque de son courage. Cette famille est noble,
mais sans illustration. Je veux m'illustrer sur le champ
de bataille. Illustrissime, titre qu'on donne par honneur
à certaines personnes élevées en dignité. Le luthier fait
des instruments de musique à cordes, qu'on appelle
luths.

SOIXANTE - ONZIÈME LEÇON.

FAMILLES A PORTER AU TABLEAU.

287. *Maçon, maçonnage, maçonner, maçonnerie,
maçonnique.*

288. *Magasin, magasinage, magasinier, emmagasinage, emmagasiner.*

289. *Magnificence, magnifique, magnifiquement.*

290. *Maigre, maigrelet, maigrelette, maigrement,
maigret, maigrette, maigreur, maigrir, amaigrir, amai-
grissement.*

291. *Maillé, maillot, démaillotter, emmaillotter.*

DICTÉE. Le maçonnage est le travail du maçon. La
maçonnerie de ma maison coûte dix mille francs. J'ap-
prends à maçonner, à travailler en pierres, en briques,

REVUE GRAMMATICALE ET LITTÉRAIRE.

---

mais avec le pronom *il*, sujet sous-entendu de la proposition elliptique énoncée.

Ecrivez donc : *Je n'admets pas les raisons que vous avez
jugé convenable de me donner*, et non : *Je n'admets pas les
raisons que vous avez jugées convenables de me donner.*

164. Grènetier. — Prononcez : *Grè-ne-tier*, et non :
Gre nè-tier. (Tous les dictionnaires.)

165. S'occuper. — Ce verbe veut *à* ou *de* devant l'infinitif qui l'accompagne.

1° Il veut *à* quand il signifie travailler à :

C'est un prélat fort pieux qui s'occupe sans cesse à édi-

en moellons. Nous vous parlons de la loge maçonnique.
Ce magasin de blé n'est pas assez approvisionné dans ce
moment. Vous avez payé quatre francs pour le magasinage, pour le séjour de vos marchandises en magasin. On appelle magasinier celui qui garde un magasin.
L'emmagasinage est l'action d'emmagasiner. Il fait un
temps serein, beau, magnifique. Le roi nous traita magnifiquement, avec magnificence. Le maigre me fait mal.
Voilà un homme maigret, maigrelet ; une femme maigrette, maigrelette. Nous avons dîné bien maigrement.
Cette fille est d'une maigreur extrême. Mes bœufs commencent à maigrir. Le jeûne amaigrit, rend maigre. L'a-
maigrissement est un mauvais présage pour l'âge mûr.
On appelle maille chaque nœud que forme le fil dans
les tissus tricotés. Le maillot se compose des langes dont
on enveloppe un enfant. Démailloter signifie ôter du
maillot, comme emmailloter signifie mettre au maillot.

SOIXANTE-DOUZIÈME LEÇON.

FAMILLES A PORTER AU TABLEAU.

292. *Main, maintenir, manœuvre, manœuvrer, ma-*
nouvrier, maniable, maniement, manier, manipulation,

REVUE GRAMMATICALE ET LITTÉRAIRE.

fier le peuple et à le porter à la vertu par des sermons d'une
morale excellente, qu'il compose lui-même. (Lesage.)

2° Il exige *de* quand il signifie penser sérieusement aux
moyens de réussir dans quelque chose :

Il s'occupe de détruire les abus. (Académie.)

166. Très. — Il faut toujours mettre un trait d'union
entre ce mot et l'adjectif ou l'adverbe qui le suit immédiatement : *Cet homme est très-savant; il agit très-sagement.*
(Académie.) Néanmoins la plupart de messieurs les journa-
listes français le suppriment. Dans l'intérêt de la langue,
nous les prions de ne plus se permettre cette licence con-

manipuler, manipulateur, manivelle, manuel, manuelle, manuellement, manufacture, manufacturer, manufacturier, manuscrit, main-courante, main-d'œuvre, main-forte.

293. *Maison, maisonnette, maison de ville, maison d'arrêt, maison de santé, petite-maison.*

Dictée. Nous allons mettre la main à l'œuvre. Je maintiens que vous avez tort. La troupe commence à manœuvrer, à entendre la manœuvre. Le manouvrier travaille à la journée. Cet instrument est maniable, aisé à manier. Je connais le maniement des armes. Ce manipulateur manipule à merveille ; il est fort en manipulation. La manivelle est une pièce de fer ou de bois, dont on se sert pour tourner une roue, l'axe d'une machine. On appelle manuel un livre qui présente, sous un petit format, la substance de traités étendus. Manuellement se forme du féminin manuelle. Entrez dans la manufacture pour voir manufacturer. Je vous parle d'un peuple manufacturier, qui se livre à la fabrication. Le manuscrit est un ouvrage écrit à la main. Le commerçant appelle main-courante le registre sur lequel il écrit ses opérations de chaque

---

REVUE GRAMMATICALE ET LITTÉRAIRE.

damnée par l'imposante autorité, de toutes les grammaires et de tous les dictionnaires.

Remarque. On met *fort,* et non *très,* devant une locution adverbiale : *J'ai cela fort à cœur.* (Académie.) On fait donc toujours une faute quand on dit, par exemple : *Je suis très-à mon aise ; vous venez très-à propos ; j'ai acheté ce livre très-à bon marché,* etc., etc. Il faut dire : *Je suis fort à mon aise; vous venez fort à propos ; j'ai acheté ce livre fort à bon marché,* parce que *à mon aise, à propos, à bon marché,* sont des locutions adverbiales.

167. Relever de maladie. — Dans cette manière de parler, qui signifie *commencer à se porter mieux,* le

jour. Je vous dois vingt francs pour votre main-d'œuvre. La gendarmerie prête main-forte à la justice. Sortez de la maison. La maisonnette est une petite maison. Je vais à la maison de ville. Vous sortirez bientôt de la maison d'arrêt. On nomme maison de santé un établissement privé où l'on traite les malades moyennant rétribution. Le jeune homme dont vous me parlez, est devenu fou ; il est maintenant dans une petite-maison.

SOIXANTE-TREIZIÈME LEÇON.

FAMILLES A PORTER AU TABLEAU.

294. *Maître, maîtresse, maîtrise, maîtriser, contre-maître, petit-maître, petite-maîtresse, sous-maître, sous-maîtresse.*

295. *Malheur, malheureux, malheureuse, malheureusement.*

296. *Malin, maligne, malignement, malignité.*

297. *Manche, manchette, manchon, manchot.*

298. *Mander, mandement, mandat, mandataire, mandat d'amener, mandat d'arrêt, contremander, demande, demander, demandeur, demanderesse, redeman-*

REVUE GRAMMATICALE ET LITTÉRAIRE.

verbe *relever* rejette le pronom *se* : *Quoiqu'il relève de maladie, et qu'il soit encore très-faible, il a voulu se mettre en route.* (Académie.) Il suit de là que ce verbe ne se conjugue pas en ce sens avec deux pronoms de la même personne, comme *je me, tu te, il se, nous nous, vous vous, ils se.* On parle donc toujours mal quand on dit : *Je me relève de maladie, tu te relèves de maladie, il se relève de maladie, nous nous relevons de maladie, vous vous relevez de maladie, ils se relèvent de maladie,* etc. Il faut dire : *Je relève de maladie, tu relèves de maladie, il relève de maladie, nous relevons de maladie, vous relevez de maladie, ils relèvent de maladie.*

der, recommandable, recommander, recommandation,
commandant, commande, commandement, commander.

Dictée. Je désire parler au maître de la maison. La maîtresse d'école est absente dans ce moment. Nous prendrons bientôt nos examens de maîtrise. Cet enfant est mutin, difficile à maîtriser. Le contre-maître est dans la fabrique. Le petit-maître déplaît à tout le monde. Je ne puis supporter la présense d'une petite-maîtresse. Le sous-maître ne tardera pas à venir. Parlez à la sous-maîtresse. Je suis le plus malheureux du monde ; ma sœur est aussi malheureuse que moi ; le malheur nous poursuit partout. Vous avez malheureusement perdu votre bonne et tendre mère. N'écoutez pas l'esprit malin. La femme maligne prend plaisir à faire du mal, à parler malignement, avec malignité. Cette manche n'est pas assez longue. Donnez-moi mon manchon et cette manchette. Le manchot est privé d'une main ou d'un bras. Je vais mander mon commis. J'ai lu votre mandement. Tu n'as reçu aucun mandat de paiement. Voici le mandat d'amener, ainsi que le mandat d'arrêt. Je règlerai tout avec votre mandataire. Contremander signifie révoquer un ordre, une demande. Va demander pardon à ta mère.

REVUE GRAMMATICALE ET LITTÉRAIRE.

168. Beurrière, baratte. — *Beurrière* est un barbarisme. N'employez donc plus ce mot en parlant d'une sorte de vaisseau de bois, fait en forme de long baril, plus large par en bas que par en haut, dans lequel on remue, on agite du lait pour faire du beurre. Dites : *Baratte*, substantif féminin. (Académie.)

169. Fort. — Ce mot peut être adjectif ou adverbe :

1° Il est adjectif, variable, lorsque le sens de la phrase ne permet pas de le remplacer par très : *Vos écoliers sont déjà forts en grammaire.* (Académie.) On ne peut dire : *Vos écoliers sont déjà très-en grammaire.*

2° Il est adverbe, invariable, dans le cas contraire : *Voilà*

Le demandeur et la demanderesse forment une demande en justice. Puisqu'on n'a pas encore fait droit à ma demande, je vais redemander. Je viens vous recommander un jeune homme recommandable par sa conduite et digne de toutes mes recommandations. Ecrivez au commandant. Tu vas commander, prendre le commandement. Voici une robe de commande.

SOIXANTE-QUATORZIÈME LEÇON.

FAMILLES A PORTER AU TABLEAU.

299. *Manche, démancher, emmancher, emmancheur, emmanchure, remmancher.*

300. *Manger, mangeable, mangeaille, mangeur, mangeuse, démanger, démangeaison, mange-tout, immangeable.*

301. *Manque, manquer, manquement, immanquable, immanquablement.*

302. *Mante, manteau, mantelet, mantille, démantèlement, démanteler, porte-manteau.*

303. *Marchand, marchande, marchander, marchandise.*

REVUE GRAMMATICALE ET LITTÉRAIRE.

---

des enfants fort gentils. (Académie.) On peut dire : *Voilà des enfants très-gentils.*

170. Dès, depuis. — Ces prépositions, suivies d'un nom de temps ou de lieu, sont synonymes, avec cette différence que la dernière seule se construit avec *jusqu'à.* Ainsi l'on dira :

1° Avec *dès* : *Cette rivière est navigable dès sa source.* (Académie.)

Il a commencé dès hier. (Idem.)

2° Avec *depuis* : *Ce fleuve est navigable depuis sa source jusqu'à son embouchure.* (Académie.)

Dictée. Le manche de ce balai n'est pas assez long.
Ma cognée commence à se démancher. Je vais emmancher ma faux. Je suis emmancheur de couteaux. On
appelle emmanchure l'ouverture d'un habit, d'une robe,
à laquelle on adapte les manches. Il faut remmancher ta
pelle. La rouille mange le fer. Ce mets n'est pas mangeable. Mangeaille se dit de tout ce qu'on mange. Jules est
un grand mangeur ; sa sœur est également une grande
mangeuse. La tête lui démange. Tu as une grande démangeaison de parler. Le mange-tout dissipe follement
son bien. Ce ragoût est si mauvais qu'il est immangeable.
Il succomba au manque de soins. Tous les hommes sont
sujets à manquer. Je te reproche ton manquement de
respect. Le gain de notre cause est immanquable. Demain nous recevrons immanquablement l'agréable visite
de votre marraine. La mante est un vêtement de femme,
ample et sans manches. Je vais prendre mon manteau.
Cette dame a un mantelet fort riche. La mantille est une
longue et large écharpe noire qui fait partie du costume
national des femmes espagnoles. On appelle démantèlement l'action de démanteler, de démolir les murs d'une
ville. J'ai besoin d'un porte-manteau. En parlant de
leurs marchandises, le marchand et la marchande disent
souvent qu'il n'y a pas à marchander.

REVUE GRAMMATICALE ET LITTÉRAIRE.

Il a travaillé depuis hier matin jusqu'aujourd'hui à midi.
(Idem.)

171. Grenette. — Ce mot n'est pas français. Dites :
Halle au blé. (Académie.)

172. Carré, gousset. — *Carré* ne se dit point d'une
petite pièce de toile qu'on met à la manche d'une chemise
à l'endroit de l'aisselle. L'expression propre est *gousset*,
substantif masculin : *Mettre des goussets à une chemise.*
(Académie.)

173. Bruxelles. — Prononcez : *Bru-celle*, et non :
Bruk-celle. (Toutes les grammaires.)

SOIXANTE-QUINZIÈME LEÇON.

FAMILLES A PORTER AU TABLEAU.

304. *Marquis, marquise, marquisat.*

305. *Masse, masser, massif, massive, massivement, massue, amas, amasser, ramas, ramasser, ramassis.*

306. *Matelas, matelasser, matelassier, matelassière.*

307. *Matin, matines, matinée, matinal, matinale, matineux, matineuse, matinier, matinière.*

308. *Méchant, méchante, méchamment, méchanceté.*

Dictée. Je viens de voir passer monsieur le marquis et madame la marquise, qui se dirigeaient vers le marquisat. Chaque soldat doit quelque chose à la masse. Les troupes allèrent se masser dans la plaine. Massive est le féminin de massif. De massive on forme massivement. Cette nouvelle a été un vrai coup de massue pour mon oncle. Avant de commencer à bâtir, il faut faire amas des matériaux nécessaires. Cet usurier ne fait qu'amasser. On appelle ramas un assemblage d'objets de peu de valeur. La poule va ramasser ses poussins sous ses ailes.

REVUE GRAMMATICALE ET LITTÉRAIRE.

174. **Goulot, cou.** — Dites : *Le goulot d'une bouteille,* et non : *Le cou d'une bouteille.* (Académie.)

175. **Régal, régaler.** — Écrivez et prononcez : *Régal, régaler,* au lieu de : *Regal, regaler.* (Tous les dictionnaires.)

176. **Se fâcher.** — Dites : *Se fâcher contre quelqu'un,* et non : *Se fâcher après quelqu'un.* (Académie.)

177. **Faute d'inattention.** — N'employez plus cette manière de parler, qui blesse le bon sens. Dites : *Faute d'attention.* (Académie.)

178. **Furongle, furoncle.** — *Furongle* est un barbarisme. Dites : *Furoncle.* (Tous les dictionnaires.)

Voilà un ramassis de voleurs. Il faut refaire votre mate-las. Matelasser une chaise, c'est la garnir en façon de matelas. Le matelassier et la matelassière font, refont et cardent les matelas. Tu te lèves trop matin. Les matines sont la première partie de l'office divin, qui se dit avant le lever du jour. Nous avons travaillé sans relâche toute la matinée. Mon neveu est matinal aujourd'hui; ma nièce est un peu moins matinale que lui. Le domestique matineux et la domestique matineuse sont des trésors. Matinier n'est guère usité que dans cette locution : Étoile matinière. L'homme méchant et la femme méchante se plaisent à parler méchamment, avec méchanceté.

SOIXANTE-SEIZIÈME LEÇON.

FAMILLES A PORTER AU TABLEAU.

309. *Médecin, médecine, médeciner, médical, médicale, médicament, médicamenter, médicamenteux, médicamenteuse, médicinal, médicinale.*

310. *Médiat, médiate, médiatement, médiateur, médiatrice, immédiat, immédiate, immédiatement.*

REVUE GRAMMATICALE ET LITTÉRAIRE.

179. **Sang**. — 1° Lorsque ce mot est à la fin d'une phrase, ou devant un autre mot commençant par une consonne, le *g*, loin de sonner comme *ke*, est nul pour la prononciation : *Voilà du sang, j'ai vu du sang, le sang coula*, etc., se prononcent : *Voilà du san, j'ai vu du san, le san coula*, et non : *Voilà du sanke, j'ai vu du sanke, le sanke coula.*

2° S'il est devant un mot qui commence par une voyelle ou une *h* muette, le *g* a le son du *k*. Ainsi l'on écrit : *Sang épais, sang illustre, sang humain*, etc., et l'on prononce : *Sanképais, sankillustre, sankhumain.* (Tous les dictionnaires.)

311. *Mêler, mêlée, mélange, mélanger, démêler, démêlée, démêloir, remêler, pêle-mêle.*

Dictée. Le temps est un grand médecin. Vous allez prendre une médecine. Médeciner, c'est donner des breuvages et d'autres remèdes. Tu me parles de la vertu médicale des plantes. Voici un médicament qui vous guérira. Médicamenter signifie donner des médicaments à un malade. Médicamenteuse est le féminin de médicamenteux, comme médicinale est le féminin de médicinal. Les exhortations de Clotilde furent le moteur médiat de la conversion de Clovis. Cette cause n'agit que médiatement, d'une manière médiate. Sois le médiateur de la paix. Soyez notre médiatrice. Ce remède est d'un effet immédiat ; il agit immédiatement, d'une manière immédiate. Il faut mêler les cartes. Ne vous jetez pas imprudemment dans la mêlée. Un bonheur sans mélange nous attend au ciel. J'ai plusieurs liqueurs à mélanger. Il est quelquefois bien difficile de démêler le vrai d'avec le faux. Nous avons eu ensemble un démêlé, une querelle, une contestation. J'ai besoin d'un démêloir pour démêler mes cheveux. Veuillez remêler les cartes. Tout le monde entra pêle-mêle dans la salle.

REVUE GRAMMATICALE ET LITTÉRAIRE.

180. Marteau. — Ce mot ne se dit point des grosses dents qui servent à broyer les aliments. Dites : *Dent mâchelière*, ou : *Dent molaire*. (Académie.)

181. Aise. — Souvent nous entendons dire : *Va, tu n'auras pas tous tes aises ; je n'ai pas tous mes aises dans cette maison ; elle n'a pas tous ses aises chez sa tante.* Ces phrases et mille autres semblables sont fautives, parce que le substantif *aise* est féminin au pluriel comme au singulier. Il faut donc dire : *Va, tu n'auras pas toutes tes aises ; je n'ai pas toutes mes aises dans cette maison ; elle n'a pas toutes ses aises chez sa tante,* comme on dit avec l'Académie : *On n'a pas toutes ses aises en ce monde.*

SOIXANTE - DIX - SEPTIÈME LEÇON.

FAMILLES A PORTER AU TABLEAU.

312. *Membre, membré, membru, membrure, membrane, membraneux, démembrer, démembrement.*

313. *Mémoire, mémorable, mémorandum, mémento, mémoratif, remémorer, remémoralif, commémoratif, commémoration, commémoraison, immémorial.*

314 *Mener, menée, meneur, amener, se démener, emmener, malmener, promener, promenade, promeneur, ramener, remmener.*

DICTÉE. Le vieillard a les membres courbés par les ans. L'homme bien membré a les membres bien faits, bien proportionnés. Celui qui est membru, a les membres gros et forts. La membrure est l'ensemble des membres d'un individu. La membrane, tissu membraneux, enveloppe les organes. Démembrer signifie séparer les membres d'un corps. Cette province est un démembrement de l'Allemagne. Le jour de la première communion est une époque mémorable, digne de mémoire. J'ai lu

---

REVUE GRAMMATICALE ET LITTÉRAIRE.

182. **Quand**. — Le *d* de ce mot a le son du *t* devant un autre mot commençant par une voyelle ou une *h* muette: *Quand il chante, quand elle pleure, quand on écrit, quand Hector viendra*, etc., se prononcent : *Quan til chante, quan telle pleure, quan ton écrit, quan tHector viendra ;* mais il ne suit pas de là qu'il sonne comme *te* devant un mot qui commence par une consonne; car alors il est nul pour la prononciation : *Quand vous partirez, quand nous verrons, quand ma mère arrivera*, etc., se prononcent donc : *Quan vous partirez, quan nous verrons, quan ma mère arrivera*, et non : *Quante vous partirez, quante nous verrons, quante ma mère arrivera*. (Toutes les grammaires.)

le mémorandum. Le mémento sert à rappeler le souvenir de quelque chose. Sois mémoratif de mes conseils. J'aime à me remémorer vos avis salutaires. Il s'agit d'une fête remémorative, d'un jour commémoratif. On a chanté un *Te Deum* en commémoration de cette victoire. La commémoraison est la mention que l'Eglise fait d'un saint le jour qu'on célèbre une autre fête. Je vous parle d'un usage immémorial. Tu ne veux plus te laisser mener de la sorte. Je connais cette menée, cette intrigue; je connais aussi le meneur. Il faut chercher à parler juste, sans vouloir amener autrui à nos sentiments. Ce méchant homme se démène comme un possédé. Je vais emmener ma sœur. Malmener signifie maltraiter de coups, de paroles. Nous allons nous promener. Voilà une fort belle promenade. Vous voulez ramener la paix et l'abondance. Nous avons vu un grand nombre de promeneurs. Remène cet enfant à sa mère. Remenons les chevaux à l'écurie.

SOIXANTE-DIX-HUITIÈME LEÇON.

FAMILLES A PORTER AU TABLEAU.

315. *Mental, mentale, mentalement, démence.*

REVUE GRAMMATICALE ET LITTÉRAIRE.

183. **A demi, demi.** — On nous demande s'il faut écrire : *Travail à demi fait*, ou : *Travail à demi-fait.*

Réponse. Il ne faut pas confondre *demi* avec *à demi.*

1° *Demi*, adjectif, veut toujours un trait d'union devant le mot qui le suit immédiatement : *Demi-barbare, demi-savant, demi-cuit.* (Académie, Noël et Chapsal.)

2° *A demi* l'exige dans *à demi-mot;* mais il le rejette partout ailleurs : *A demi savant, à demi cuit, peuple à demi barbare.* (Académie, Montesquieu, Noël et Chapsal.)

Ecrivez donc sans trait d'union : *Travail à demi fait.*

184. **Pinces, pincettes.** — *Pinces* ne se dit point

316. *Mer, mare, marée, marais, marécage, maréca-geux, marin, marine, mariner, marinier, maritime, chasse-marée, contre-marée, amarre, amarrer, amarrage, démarrer, immerger, immersion, submerger, submersion.*

517. *Mère, mère-goutte, mère-laine, mère-perle, belle-mère, grand'mère, commère, commérage, maternel, maternelle, maternellement, maternité.*

DICTÉE. Je connais le calcul mental. Fais ton oraison mentale. Ne péchez pas mentalement. Les acclamations allaient jusqu'à la démence. Le monde est une mer orageuse. Mare se dit d'un amas d'eau dormante. Nous avions vent et marée, le vent et le courant favorables. Il y a moins de marais en Asie qu'en Europe. Ces oiseaux ont le goût marécageux, sentent le marécage. Nous avons vu un monstre marin. J'ai sous les yeux une carte marine. Tu vas mariner ce chevreuil. Nous sommes mariniers. Vous habitez une ville maritime. Le chasse-marée est un bâtiment à deux mâts, d'une forme très-propre à la navigation. La contre-marée est opposée à la marée ordinaire. Amarre, cordage pour attacher un navire. Amarrage, ancrage d'un vaisseau. Amarrer, lier avec

---

REVUE GRAMMATICALE ET LITTÉRAIRE.

d'un instrument de fer à deux branches pour arranger le feu. Il faut dire : *Pincettes*. (Académie.)

185. **Macuba, macouba**. — *Macuba* est un barbarisme. N'employez donc plus ce mot en parlant d'une sorte de tabac de la Martinique, qui sent la rose et la violette. Dites : *Macouba*. (Tous les dictionnaires.)

186. **Censé, sensé**. — Écrivez *censé* lorsque le sens de la phrase vous permet de remplacer ce mot par *regardé comme* : *Celui qui est trouvé avec les coupables, est censé complice.* (Académie.) On peut dire : *Celui qui est trouvé avec les coupables, est regardé comme complice.* Dans le cas contraire, écrivez *sensé* : *L'homme sensé ne*

une amarre. Le démarrage est l'action de démarrer, d'ôter les amarres, comme l'immersion est celle d'immerger, de plonger dans un liquide. Submersion signifie inondation entière. Une tempête vint submerger le vaisseau. L'Eglise est la mère des fidèles. Vous me vendrez la mère-goutte, le vin qui coule de la cuve avant qu'on foule le raisin. On appelle mère-laine la laine la plus fine. Voici une mère-perle, une grosse coquille qui renferme un grand nombre de perles. Votre belle-mère et votre grand'mère aiment le commérage, les propos de commère. On revoit avec bonheur le sol maternel. Maternellement se forme du féminin maternelle. La maternité a ses plaisirs et ses peines.

SOIXANTE-DIX-NEUVIÈME LEÇON.

FAMILLES A PORTER AU TABLEAU.

318. *Mètre, métrique, myriamètre, kilomètre, hectomètre, décamètre, décimètre, centimètre, millimètre, diamètre, baromètre, thermomètre, périmètre, demi-mètre, diamétrale, diamétralement.*

319. *Mettre, mets, mettable, admettre, admission,*

REVUE GRAMMATICALE ET LITTÉRAIRE.

donne pas tout à ses plaisirs. (Idem.) On ne peut dire : *L'homme regardé comme ne donne pas tout à ses plaisirs.*

187. **Grésil**. — On nous demande comment on nomme la petite grêle fort menue et fort dure.

Réponse. L'expression propre est *grésil*, substantif masculin : *Ce n'est pas de la neige qui tombe, c'est du grésil.* (Académie.)

Remarque. Il ne faut pas confondre *grésil* avec *grêlon* qui est un gros grain de grêle : *Il tombe quelquefois des grêlons qui pèsent une demi-livre.* (Académie, Noël et Chapsal.)

188. **Havane**. — Ce mot commence par une *h* aspi-

admissible, admittatur, commettre, commis, commis-
sion, commissionnaire, démettre, démission, démission-
naire, émettre, émission, émissaire, s'entremettre, en-
tremise, entremets, entremetteur, entremetteuse, per-
mettre, permis, permission, promettre, prometteur, pro-
metteuse, promesse, compromettre, compromis, repro-
mettre, remettre, remise, remiser, rémissible, rémission,
soumettre, soumission, transmettre, transmission,
transmissible, omettre, omission.

DICTÉE. J'étudie le système métrique. Le myriamètre vaut dix mille mètres ; le kilomètre, mille mètres ;
l'hectomètre, cent mètres ; le décamètre, dix mètres ; le
mètre, dix décimètres ; le centimètre, dix millimètres.
Le diamètre, ou ligne diamétrale, coupe un cercle par
son centre. Vos caractères sont diamétralement opposés.
Le baromètre marque les changements de temps, et le
thermomètre, les degrés du froid et du chaud. Périmètre signifie contour, circonférence. Donnez-moi un
demi-mètre de toile. Va mettre ton habit. Voilà un excellent mets. Ce pantalon n'est plus mettable. Je ne puis
admettre vos raisons. Voici mon admission à la retraite.

REVUE GRAMMATICALE ET LITTÉRAIRE.

rée ; il rejette donc l'article élidé *l'*, qu'on met seulement
devant un mot dont la lettre initiale est une voyelle ou une
h muette. Il suit de là qu'on parle toujours mal quand on
dit avec le vulgaire : *Voici des cigares de l'Havane, don-*
nez-moi des cigares de l'Havane, etc. Il faut dire : *Voici*
des cigares de la Havane, donnez-moi des cigares de la
Havane. (Tous les dictionnaires.)

189. **Chicaneur, chicaneuse ; chicanier, chi-**
canière. — Ne confondez pas ces mots : les deux premiers se disent d'une personne qui chicane principalement
en affaires ; les deux derniers, de celle qui chicane, vétille
sur les moindres choses. (Académie.)

Ce motif n'est point admissible. J'ai perdu mon admittatur. Craignez de commettre une telle faute. Voici mon
commis. Ton commissionnaire n'a pas fait ta commission.
Henri vient de se démettre le bras. On appelle démis-
sionnaire celui qui a donné sa démission. L'émission est
l'action d'émettre. L'espion épie, l'émissaire travaille
l'opinion. Veuillez vous entremettre pour moi : j'ob-
tiendrai tout par votre entremise. Je vous parle de l'entremets. Fuyez l'entremetteur et l'entremetteuse. Permis et permission dérivent de permettre, comme prometteur, prometteuse et promesse dérivent de promettre. Tu vas me compromettre en parlant ainsi. Je me
suis compromis. Je ne veux rien repromettre. De remettre on fait remise, remiser, rémissible, rémission, comme de transmettre on fait transmission, transmissible.
Nous devons nous soumettre à la volonté de Dieu La
ville vient de faire sa soumission. Il ne faut pas omettre
de faire vos devoirs. J'ai commis un péché d'omission.

QUATRE - VINGTIÈME LEÇON.

FAMILLES A PORTER AU TABLEAU.

320. *Mil, mille, millier, milliard, millième, million,*

REVUE GRAMMATICALE ET LITTÉRAIRE.

190. Équerre. — Ce mot n'est que féminin, quoique
la plupart le fassent masculin. Dites donc : *Une équerre,
une petite équerre,* etc., et non : *Un équerre, un petit
équerre.* (Tous les dictionnaires.)

191. Griser, grisonner. — *Griser* signifie seulement faire boire quelqu'un jusqu'à le rendre demi-ivre :
Si vous le faites boire davantage, vous le griserez. (Académie.) N'employez donc plus ce mot dans le sens de
commencer à avoir les cheveux gris, la barbe grise. L'expression propre est *grisonner* : *La tête commence à lui grisonner; la barbe lui grisonne.* (Idem.)

192. Signet. — On nous demande comment on nom-

millionnaire, millionième, millésime, mille-feuilles, mille-pieds.

321. *Mode, modèle, modeste, modestie, modestement, modiste, immodeste, immodestement, immodestie, commode, commodément, commodité, accommoder, accommodement, accommodable, accommodant, raccommoder, raccommodement, raccommodage, raccommodeur, raccommodeuse, inaccommodable, incommode, incommoder, incommodant, incommodément, incommodité.*

Dictée. Je suis né l'an mil huit cent dix. Tu as mille francs. J'ai besoin d'un millier d'épingles. Un milliard vaut mille millions. De tout ce qu'il nous dit là, il n'y a pas la millième partie de vrai. Mon oncle est millionnaire. Cette opération est exacte à quelques millionièmes près. Cette pièce de monnaie porte le millésime de mil huit cent quinze Le mille-feuilles est une plante dont les feuilles sont découpées dans tous les sens. Le mille-pieds est un insecte qui a une multitude de pattes. Chacun vit à sa mode. Jésus-Christ est le grand modèle des rois. La fille modeste marche modestement, avec modestie. Votre modiste est habile dans sa profession.

REVUE GRAMMATICALE ET LITTÉRAIRE.

me le petit ruban attaché au haut d'un livre pour marquer l'endroit où l'on en est resté.

Réponse. L'expression propre est *signet*, substantif masculin. (Larousse, Noël et Chapsal, etc.) *Signet* dérive de *signe.*

193. **Adversairement.** — Ce mot, quoique d'un fréquent usage en justice, n'est point français. Ainsi, au lieu de dire : *Les faits adversairement soutenus, les moyens adversairement employés,* etc., dites : *Les faits soutenus par la partie adverse, les moyens employés par la partie adverse.* (Tous les dictionnaires.)

194. **Rôti.** — Suivant tous les dictionnaires, *ô* est long

Ne vous habillez jamais immodestement, d'une manière immodeste. L'immodestie est un manque de pudeur. Il est commode de répondre par une simple dénégation. Je suis commodément logé. Le riche jouit des commodités de la vie. Puisque tu es accommodant, nous allons accommoder notre affaire, qui est très-accommodable, et, après l'accommodement, nous dînerons ensemble. Je vais raccommoder votre habit. Tu me donneras deux francs pour le raccommodage de ton pantalon. Raccommodement signifie réconciliation. Je suis raccommodeur. Nous sommes raccommodeuses. Notre querelle est inaccommodable. J'entends un bruit incommode, incommodant, qui ne cesse de m'incommoder. Ma tante est logée incommodément, avec incommodité.

QUATRE - VINGT - UNIÈME LEÇON.

FAMILLES A PORTER AU TABLEAU.

322. *Monnaie, monnayage, monnayer, monnayeur, monétaire, démonétiser, démonétisation, fausse-monnaie, faux-monnayeur, porte-monnaie.*

323. *Mont, montage, montagnard, montagne, mon-*

REVUE GRAMMATICALE ET LITTÉRAIRE.

dans ce mot comme dans *apôtre, le nôtre, le vôtre;* cependant tous les jours nous l'entendons prononcer d'une manière très-brève. Jusqu'à quand fera-t-on cette faute grave?

195. **Battue, babeurre.** — *Battue,* substantif féminin, ne se dit point de la liqueur séreuse que laisse le lait quand la partie grasse est convertie en beurre. Le vrai terme est *babeurre,* substantif masculin. (Tous les dictionnaires.)

196. **Bergère, bergeronnette, hochequeue.** — *Bergère* ne signifie point une sorte de petit oiseau qui fréquente les rivières et remue continuellement la queue.

tant, montagneux, montagneuse, montée, monter, mon-
teur, monteuse, monticule, montueux, monture, amont,
démontage, démonter, remontage, remonter, surmonter,
surmontable, insurmontable, Mont-de-Piété, Mont-Cenis.

DICTÉE. J'ai la monnaie de vingt francs. On appelle
monnayage la fabrication de la monnaie. Le monnayeur
va monnayer, faire de la monnaie. Tu connais le système monétaire. La démonétisation est l'action de démonétiser, d'ôter à une monnaie sa valeur de monnaie. La
fausse-monnaie est une monnaie contrefaite. Le faux-
monnayeur fait de la fausse-monnaie. Le porte-monnaie est une espèce de petit portefeuille à fermoir, dans
lequel on met l'argent de poche. J'ai vu le mont Etna.
Vous me donnerez quatre francs pour le montage de
votre métier. Le montagnard est vigoureux, fort, robus-
te. Voici une chaîne de montagnes. Ce vin a du montant, de la sève, de la vigueur. J'habite un pays montagneux. Les chevaux fatiguent à la montée. Il faut monter le foin au grenier. Le monteur assemble des pièces
de bijouterie. La monteuse monte des bonnets. Le monticule est un petit mont. Montueux se dit d'un terrain

---

REVUE GRAMMATICALE ET LITTÉRAIRE.

Il faut dire : *Bergeronnette,* ou mieux : *Hochequeue,* substantif masculin. (Académie.)

197. Morsiller, mordiller. — Le premier mot
n'est pas français. Servez-vous du dernier. (Tous les dictionnaires.)

198. Tirer, éplucher. — N'imitez pas ceux qui,
dans le sens de nettoyer, d'ôter ce qu'il y a de gâté, de
mauvais, disent : *Tirer des herbes, des graines, de la salade,* etc., etc. Dites : *Eplucher ;* c'est le terme propre.
(Tous les dictionnaires.)

199. S'en retourner. — Voilà un verbe contre le-

inégal. Amont signifie le côté d'où vient une rivière.
La monture est une bête sur laquelle on monte pour
aller d'un endroit à un autre. Le démontage est l'action
de démonter, comme le remontage est celle de remonter. Toutes les passions peuvent se surmonter. Cette dif-
ficulté-ci est surmontable ; mais cette difficulté-là paraît
insurmontable. On appelle Mont-de-Piété un établissement où l'on prête de l'argent à intérêt, sur nantissement.
Le Mont-Cenis est une haute montagne des Alpes.

<h3 align="center">QUATRE-VINGT-DEUXIÈME LEÇON.</h3>

FAMILLES A PORTER AU TABLEAU.

324. *Mordre, mordiller, mordicus, mors, morsure,
démordre, remordre, remords.*

325. *Mourir, mort, mortel, mortellement, moribond,
mortalité, mortifier, mortifiant, mortification, mortifère, mortuaire, morte-saison, mort-ivre, mort-né, immortel, immortalité, immortaliser.*

326. *Mouvoir, mouvement, mobile, mobiliser, mobilisation, mobilité, immobile, immobilité, amovible, amovibilité, inamovible, inamovibilité, émouvoir, émotion.*

REVUE GRAMMATICALE ET LITTÉRAIRE.

quel on fait généralement bien des fautes ; pour lever toute
difficulté, nous allons en donner la conjugaison.

Présent de l'indicatif. — Dites : *Je m'en retourne, tu
t'en retournes, il s'en retourne, nous nous en retournons,
vous vous en retournez, ils s'en retournent,* et non : *Je
me rentourne, tu te rentournes, il se rentourne, nous nous
rentournons, vous vous rentournez, ils se rentournent.*

Imparfait.—Dites : *Je m'en retournais, tu t'en retournais,
il s'en retournait, nous nous en retournions, vous vous en
retourniez, ils s'en retournaient,* et non : *Je me rentournais, tu te rentournais, il se rentournait, nous nous ren-
tournions, vous vous rentourniez, ils se rentournaient.*

DICTÉE. L'ennemi va mordre la poussière. Perdez l'habitude de mordiller vos ongles. Je soutiendrai mordicus mon opinion. Le cheval prit le mors aux dents. La morsure de la calomnie laisse toujours une cicatrice. Il ne veut point démordre de sa poursuite. Nos chiens ne tarderont pas à se remordre. Le remords est un vif reproche de la conscience. Je sens que je vais mourir. Tout homme est mortel, sujet à la mort. Vous avez péché mortellement. Le roi est moribond, va mourir. La mortalité est grande. Il ne faut mortifier personne. Tu essuieras une mortification, un refus mortifiant. Voici un poison mortifère, qui cause la mort. Voilà le registre mortuaire. L'ouvrier est sans ouvrage pendant la morte-saison. Cet homme est mort-ivre, ivre au point d'avoir perdu tout sentiment. L'enfant mort-né est né étant mort. Tu rendras ton nom immortel. La vertu immortalise les hommes. Ce trait de courage est digne de l'immortalité. Je ne puis me mouvoir. J'observe tous les mouvements de l'ennemi. L'intérêt n'est pas le seul mobile des actions de l'homme. La mobilisation est l'action de mobiliser des troupes sédentaires. Je vous parle de la mobilité des choses humaines. Il demeurera im-

---

REVUE GRAMMATICALE ET LITTÉRAIRE.

Parfait défini. — Dites : *Je m'en retournai, tu t'en retournas, il s'en retourna, nous nous en retournâmes, vous vous en retournâtes, ils s'en retournèrent,* et non : *Je me rentournai, tu te rentournas, il se rentourna, nous nous rentournâmes, vous vous rentournâtes, ils se rentournèrent.*

Parfait indéfini. — Dites : *Je m'en suis retourné, tu t'en es retourné, il s'en est retourné, nous nous en sommes retournés, vous vous en êtes retournés, ils s'en sont retournés,* et non : *Je me suis rentourné, tu t'es rentourné, il s'est rentourné, nous nous sommes rentournés, vous vous êtes rentournés, ils se sont rentournés.*

mobile comme une statue. Tu soutiens l'immobilité de
la terre. Amovibilité dérive d'amovible, comme inamovibilité dérive d'inamovible. Il ne faut que le moindre
vent pour émouvoir les flots. Cet orateur excite de
grandes émotions dans l'esprit de ses auditeurs.

QUATRE - VINGT - TROISIÈME LEÇON.

FAMILLES A PORTER AU TABLEAU.

327. *Musc, muscade, muscadelle, muscadet, muscadier,*
muscadin, muscat, musquer.

328. *Naïf, naïve, naïvement, naïveté.*

329. *Nature, naturel, naturellement, naturalisation*
naturaliser, naturaliste, surnaturel, surnaturellement,
dénaturer, dénaturé.

330. *Nécessité, nécessaire, nécessairement, nécessi-*
teux, nécessiter.

331. *Net, nette, nettement, netteté, nettoiement, net-*
toyage, nettoyer, renettoyer.

Dictée. Le musc est une substance très-odorante. On

REVUE GRAMMATICALE ET LITTÉRAIRE.

Parfait antérieur. — Dites : *Je m'en fus retourné, tu t'en*
fus retourné, il s'en fut retourné, nous nous en fûmes re-
tournés, vous vous en fûtes retournés, ils s'en furent retour-
nés, et non : *Je me fus rentourné, tu te fus rentourné, il se*
fut rentourné, nous nous fûmes rentournés, vous vous fûtes
rentournés, ils se furent rentournés.

Plus-que-parfait. — Dites : *Je m'en étais retourné, tu*
t'en étais retourné, il s'en était retourné, nous nous en
étions retournés, vous vous en étiez retournés, ils s'en
étaient retournés, et non : *Je m'étais rentourné, tu t'étais*
rentourné, il s'était rentourné, nous nous étions rentournés,
vous vous étiez rentournés, ils s'étaient rentournés.

appelle muscade la noix du muscadier aromatique. La muscadelle est une sorte de poire qui sent le musc. Nous boirons du muscadet, du vin muscat. Le muscadier est l'arbre qui produit les muscades. Le muscadin est un petit-maître, dont tout le bonheur est de se musquer. Il ne faut pas confondre le naïf avec le bouffon. Cette petite enfant est très-naïve, d'une naïveté charmante ; aussi avoue-t-elle naïvement ses fautes. Racine et Boileau ont fidèlement copié la nature. Il est naturel de se confier à ses amis. Ce joueur gagne trop souvent ; cela ne peut se faire naturellement, sans supercherie. La naturalisation est l'action de naturaliser. Le naturaliste se livre à l'étude de l'histoire naturelle. Il y a dans cet homme quelque chose de surnaturel ; il parle, il agit surnaturellement. L'enfant qui bat son père, est un enfant dénaturé. Craignez de vous dénaturer, de gâter votre naturel. La nécessité n'a pas de loi. Le nécessaire est préférable à l'agréable. La religion est nécessairement liée à l'ordre public. Ce train de maison doit nécessiter une grande dépense. L'homme nécessiteux manque des choses nécessaires à la vie. J'ai le cœur net, la conscience nette. Parle nettement, avec netteté. Il est urgent de faire

---

REVUE GRAMMATICALE ET LITTÉRAIRE.

Futur. — Dites : *Je m'en retournerai, tu t'en retourneras il s'en retournera, nous nous en retournerons, vous vous en retournerez, ils s'en retourneront*, et non : *Je me rentournerai, tu te rentourneras, il se rentournera, nous nous rentournerons, vous vous rentournerez, ils se rentourneront.*

Futur antérieur. — Dites : *Je m'en serai retourné, tu t'en seras retourné, il s'en sera retourné, nous nous en serons retournés, vous vous en serez retournés, ils s'en seront retournés*, et non : *Je me serai rentourné, tu te seras rentourné, il se sera rentourné, nous nous serons rentournés, vous vous serez rentournés, ils se seront rentournés.*

Conditionnel présent. — Dites : *Je m'en retournerais, tu*

www.ingramcontent.com/pod-product-compliance
Lightning Source LLC
Chambersburg PA
CBHW051725090426
42738CB00010B/2099